Max Wingen
Auf dem Wege zur Familienwissenschaft?

Erfurter Beiträge
zu den
Staatswissenschaften

UNIVERSITÄT ERFURT

Herausgegeben
von
Frank Ettrich, Arno Scherzberg,
Gerhard Wegner

Heft 3

De Gruyter Recht · Berlin

Auf dem Wege zur Familienwissenschaft?

Vorüberlegungen zur Grundlegung eines interdisziplinär angelegten Fachs

Von
Max Wingen

De Gruyter Recht · Berlin

Prof. Dr. rer. pol. *Max Wingen*,
Honorarprofessor an der Universität Konstanz,
Ministerialdirektor a. D.

Gedruckt auf säurefreiem Papier,
das die US-ANSI-Norm über Haltbarkeit erfüllt.

ISBN 3-89949-203-X

Bibliografische Information Der Deutschen Bibliothek

Die Deutsche Bibliothek verzeichnet diese Publikation in der Deutschen
Nationalbibliografie; detaillierte bibliografische Daten sind im Internet über
http://dnb.ddb.de abrufbar.

© Copyright 2004 by De Gruyter Rechtswissenschaften Verlags-GmbH,
D-10785 Berlin

Dieses Werk einschließlich aller seiner Teile ist urheberrechtlich geschützt.
Jede Verwertung außerhalb der engen Grenzen des Urheberrechtsgesetzes ist
ohne Zustimmung des Verlages unzulässig und strafbar. Das gilt insbesondere für
Vervielfältigungen, Übersetzungen, Mikroverfilmungen und die Einspeicherung
und Verarbeitung in elektronischen Systemen.

Printed in Germany

Konvertierung/Satz: WERKSATZ Schmidt & Schulz GmbH, Gräfenhainichen
Umschlaggestaltung: Christopher Schneider, Berlin
Druck und Bindung: druckhaus köthen GmbH, Köthen

Auf dem Wege zur Familienwissenschaft?

Vorüberlegungen zur Grundlegung
eines interdisziplinär angelegten Fachs*

Vorbemerkung

Die familienwissenschaftliche Forschung und Lehre in Deutschland dürfte durch die vorgesehene Einrichtung der ersten Professur für „Familienwissenschaft" an der Universität Erfurt (als Stiftungsprofessur der Gemeinnützigen Hertie-Stiftung) einen höchst bedeutsamen Auftrieb erfahren. Es stellt sich die Frage, inwieweit die Familienforschung mit diesem innovativen Schritt einem eigenen Studienfach Familienwissenschaft näher gekommen ist oder doch näher kommen kann. In den folgenden Anmerkungen soll zunächst ein summarischer Überblick zum Stand dessen, was sich bisher vor allem in Deutschland als familienwissenschaftliche Forschung präsentiert, gegeben werden (I). Naturgemäß kann die Familienforschung insgesamt viel umfassender gesehen werden, wenn man etwa Anthropologie, Biologie und Medizin, Familientherapie, (Sozial-) Geschichte, Philosophie u. a. einbezieht. Und selbst der vorliegende Überblick will und kann keine Vollständigkeit beanspruchen; er soll der Einstimmung dienen in die daran anschließenden Überlegungen und Anmerkungen zu dem in den letzten Jahren eingetretenen familienwissenschaftlichen Geländegewinn in der Tradition speziell der sozial- und wirtschaftswissenschaftlichen Forschung (II). Insbesondere fragt sich –

---

* Für den Gedankenaustausch und Anregungen zur vorliegenden Ausarbeitung, für Ermunterung in der Weiterverfolgung des Konzepts, aber auch für kritische Anmerkungen zur Verselbständigung einer Familienwissenschaft als eines eigenen akademischen Fachs jenseits einer interdisziplinären Familienforschung danke ich Prof. Dr. Fr. W. Busch (Interdisziplinäre Forschungsstelle an der Univ. Oldenburg), Dr. B. Eggen (Familienwiss. Forschungsstelle im Stat. Landesamt BW, Stuttgart) Prof. em. Dr. W. W. Engelhardt (Köln), Dr. N. Goldschmidt (Walter Eucken Institut Freiburg/Br.), Prof. em. Dr. Dr. h. c. F.-X. Kaufmann (Bielefeld), Prof. em. H. Lampert (Augsburg, Lauf a.d.Pegnitz), Prof. em. Dr. K. Lüscher (Konstanz), Prof. em. Dr. Dr. h. c. F. Neidhardt (Berlin), Prof. Dr. A. Scherzberg (Erfurt) sowie Prof. Dr. H.-J. Schulze (Amsterdam). Die hier einer breiteren Fachöffentlichkeit zur kritischen Diskussion vorgelegten Anmerkungen stehen indessen allein in der Verantwortung des Autors.

hier auch im Blick auf die interdisziplinäre und betont praxis- und familienpolitikorientierte Ausrichtung der Professur für Familienwissenschaft in Erfurt –, inwieweit die immer unverkennbarere Notwendigkeit einer interdisziplinären Forschungsarbeit im Feld von Familie – und darauf basierender praktischer Familienpolitik und Familienbildungsarbeit auf den unterschiedlichen Ebenen gesellschaftspolitischer Verantwortungsträger bis hin zur autonomen familienorientierten Unternehmenspolitik – inzwischen eine tragfähige Grundlage in einer familienwissenschaftlichen Fachrichtung zu finden beginnt. Bisher ist die Familienwissenschaft jedenfalls noch kein etabliertes Universitätsfach. Kann sie aber nicht unter näher zu beleuchtenden Voraussetzungen zu einem durch integratives Denken gekennzeichneten Fach werden? Inwieweit könnte sie sich sogar auf eine transdisziplinäre Ausrichtung hin entwickeln? Ein Ausblick (III) schließt die Darstellung ab, die mit den zur kritischen Diskussion gestellten Thesen und Anmerkungen zur Klärung der Frage nach der möglichen Grundlegung eines interdisziplinären Fachs Familienwissenschaft beitragen möchte.[1]

Auch für andere Wissenschaftszweige, die sich in der jüngeren Vergangenheit herausgebildet haben, gab (und gibt) es vergleichbare Probleme auf dem Weg zu einer (relativen) Verselbständigung, die als solche am Prozess der Verstetigung der wissenschaftlichen Arbeit jenseits der Dynamik universitärer und außeruniversitärer Forschung anknüpft.[2] Im Blick auf die Familienwissenschaft bietet vor allem ein gelegentlicher Rekurs auf die schon seit Jahrzehnten intensiv geführte Diskussion zum Standort der Verwaltungswissenschaft eine Reihe von aufschlussreichen Hinweisen und wichtigen Parallelen. Insgesamt verstehen sich die nachfolgenden – teils auch bewusst programmatischen – Anmerkungen, die auch Grundlage einer „Erfurter Universitätsrede" im Mai 2003 waren[3], als einen Beitrag zu einer familienwissenschaftlichen Ortsbestimmung.

---

[1] Siehe dazu auch M. Wingen, Zur wissenschaftlichen und politischen Bedeutung von Familie und Haushalt – Zugleich ein Plädoyer für einen praxisorientierten interdisziplinären Ansatz der Familienwissenschaft –, in: ders., Familienpolitische Denkanstöße – Sieben Abhandlungen, Grafschaft 2001, S. 17 ff.

[2] Vgl. K. König, Zwei Paradigmen des Verwaltungsstudiums – Vereinigte Staaten von Amerika und Kontinentaleuropa, in: K. König (Hrsg.), Verwaltung und Verwaltungsforschung – Deutsche Verwaltung an der Wende zum 21. Jahrhundert, Speyerer Forschungsberichte Nr. 211, Speyer 2000, S. 45.

[3] Vgl. M. Wingen, Profilbildung an den Universitäten – das Beispiel Familienwissenschaft, „Erfurter Universitätsreden 2003", hrsg. von W. Bergsdorf, München 2003, S. 29–64.

I. Kurzüberblick zur familienwissenschaftlichen Forschungslage

In Orientierung an den vor allem im eigenen Land bearbeiteten Themenfeldern[4] sind zu dem – im übrigen hochgradig wertgeladenen und durch Vorurteile und Emotionen stark befrachteten – Forschungsgebiet einige *allgemeinere Einsichten* hervorzuheben:

- Dazu gehört einmal die nach dem Zweiten Weltkrieg allmählich zu beobachtende Dynamik in der Entwicklung und Verbreitung der Familienforschung über die Jahrzehnte hinweg, etwa seit der Einrichtung des Bundesfamilienministeriums (im Herbst 1953), wobei die meisten Themenbehandlungen in dem weiten Publikationsfeld in möglichst auch empirischer Orientierung immer wieder mit *sozial- und familienstatistischen Grundlagen* untermauert sind. Die vergleichsweise bescheidenen Möglichkeiten des Rückgriffs zu Anfang der 1950er Jahre auf familienbezogene Forschungsergebnisse waren weitaus geringer als die Möglichkeiten heute. Die erhebliche Verbesserung der familienwissenschaftlich orientierten Infrastruktur verdient positiv zur Kenntnis genommen zu werden, ohne damit von nach wie vor bestehenden Desideraten abzulenken. Im Feld der praktischen Politik fehlt es jedenfalls weithin weniger an soliden Einsichten als vielmehr an der politischen Bereitschaft und Kraft zur Umsetzung der Folgerungen aus dem als richtig Erkannten.
- Vor allem hat sich die – wenngleich oft in getrennten Publikationen erfolgende – Zusammenführung von neueren Theorie- und komplexen Forschungsansätzen mit einer großen Breite der Gebiete der Familienforschung als sinnvoll erwiesen. Letztere reichen von der Analyse der Interaktionssysteme von Familie (und Ehe) sowie den einzelnen Familienformen (im Unterschied zu nichtfamilialen Lebensformen) über materielle und rechtliche Rahmenbedingen der Familien (auch solchen mit speziellen sozialen Problemen) und Transferleistungen bzw. -wirkungen auch zu anderen gesellschaftlichen Teilsystemen, die Entscheidungen für und gegen die Übernahme von Elternverantwortung sowie Intergenerationenbeziehungen im Familienverband bis hin zu normativen Perspektiven und sog. öffentlich-praktischen Unter-

---

[4] Einen kompakten und zugleich kritischen Überblick über Familienforschung in der Bundesrepublik Deutschland in den vergangenen Jahrzehnten insbes. seit dem Zweiten Weltkrieg, auf die hier nicht weiter eingegangen wird, gibt R. von Schweitzer, Einführung in die Wirtschaftslehre des privaten Haushalts, Stuttgart 1991, UTB-Bd. Nr. 1595, Abschn. Familienideologien und Familienforschung, S. 314 ff.

stützungsleistungen und -wirkungen einschließlich der Bedeutung sozialer Netzwerke für die Familienunterstützung, aber auch der intrafamilialen (materiellen und dienstleistungsbezogenen) Unterstützungsleistungen zwischen den Generationen (sowohl gegenüber den alten Eltern als auch von diesen gegenüber der jungen Aufbaufamilie). Dabei ist immer wieder auch das theoretische Bemühen vorhanden, menschliches Verhalten in der Familie und auf Familie hin (eingeschränkt) rational zu erklären. Deutlich wird aber auch die Vielschichtigkeit familialer Wandlungsprozesse, die weder mit Veränderungsprozessen auf der gesamtgesellschaftlichen Ebene noch mit anderen Trends, die systemintern zu beobachten sind, immer *gleichförmig* verlaufen müssen. Zugleich legt sich eine deutliche Zurückhaltung nahe gegenüber der weithin recht undifferenziert anzutreffenden These von der Individualisierung speziell *familialer* Lebensformen (einschl. des Verlustes familialer Bindungen).[5] Immer wieder wird deutlich, dass überkommene Leitvorstellungen zur Familie keineswegs einfach verschwunden sind, zumindest aber an Geltung und alltäglicher Selbstverständlichkeit – teils in sozialschichtenspezifisch unterschiedlicher Weise – eingebüßt haben, so hinsichtlich der Verknüpfung von Elternschaft und Ehe und der Arbeitsteilung zwischen den Geschlechtern (mit ungleichen Belastungen in der Familienarbeit). Zugleich sehen sich Familien mit wirtschafts- und sozialstrukturell angelegten Problemlagen konfrontiert und Ambivalenzen in ihrer Entwicklung ausgesetzt, können auch selbst zum „Störfall" werden und sind überdies in Gefahr, durch von außen an sie herangetragene Erwartungen und „Zumutungen" überfordert zu werden. Dies gehört ebenso zur Wirklichkeit von Familie wie das, was Familien an hohen wechselseitigen Unterstützungsleistungen und emotionaler Geborgenheit auszeichnet, weshalb L. Böhnisch und K. Lenz von den „beiden Gesichtern der Familie" sprechen.[6] In solchen Konstellationen dürfen die

---

[5] Vgl. insbes. die in dem Handbuch von R. Nave-Herz und M. Markefka zur Familienforschung (Handbuch der Familien- und Jugendforschung Bd. 1, Familienforschung, Neuwied u. Frankfurt/M. 1989) präsentierten Arbeiten mit der dazu gegebenen Einführung. – Speziell zum familialen Wandel unter Berücksichtigung der Entwicklung in der DDR und im wiedervereinten Deutschland siehe auch R. Nave-Herz (Hrsg.), Kontinuität und Wandel der Familie in Deutschland. Eine zeitgeschichtliche Analyse, Reihe „Der Mensch als soziales und personales Wesen" (hrsg. von L. Krappmann, K. A. Schneewind u. L. A. Vaskovics) Bd. 19, Stuttgart 2002. Siehe auch: M. Feldhaus, N. Logemann u. M. Schlegel (Hrsg.), Blickrichtung Familie. Vielfalt eines Forschungsgegenstandes, Würzburg 2003.
[6] L. Böhnisch u. K. Lenz (Hrsg.), Familien. Eine interdisziplinäre Einfüh-

Familien ganz offensichtlich nicht isoliert, sondern müssen in inner- und außerfamilialen Gegenseitigkeitsbezügen gesehen werden. Mit zu berücksichtigen ist das, was K. Lüscher die „widersprüchliche Mannigfaltigkeit" von Familie (und Ehe und Verwandtschaft) nennt.[7] Die Perspektive der *Ambivalenzen*, verstanden als Erfahrungen mit polaren Gegensätzen, die persönlichkeitsrelevant sind und als grundsätzlich unauflösbar gelten, verdient hier im Blick auf Familienbindungen und auf intergenerationelle Beziehungen Hervorhebung. Sie sind in Deutschland insbesondere von K. Lüscher in den letzten Jahren zum Gegenstand der Familienforschung gemacht worden, haben aber auch in den USA besondere Beachtung gefunden.[8] Sie sind in Generationenbeziehungen häufig anzutreffen, und der Umgang damit ist notwendig für eine Gestaltung der familialen Generationenbeziehungen.

– Sodann drängt sich bei den Forschungsarbeiten die Notwendigkeit der Beteiligung verschiedener Wissenschaftsdisziplinen auf, und zwar keineswegs nur der Soziologie (Familiensoziologie) und Ökonomik (Familienökonomik), der Finanzwissenschaft (mit ihrem familienbezogenen Aspekt) und der Rechtswissenschaft (Familien- und Jugendrecht, Familie im Staats- und Verfassungsrecht), sondern auch der

---

rung, Dresdner Studien zur Erziehungswissenschaft und Sozialforschung, Weinheim u. München 1997, Zur Einführung.

[7] Vgl. K. Lüscher, Widersprüchliche Mannigfaltigkeit – nachhaltige Leistungen. Ehe, Familie und Gesellschaft heute, Arbeitspapier Nr. 40 aus dem Forschungsbereich „Gesellschaft und Familie", Konstanz 2002.

[8] Vgl. zur näheren Umschreibung der These der „Generationenambivalenz" K. Lüscher u. K. Pillemer, Die Ambivalenz familialer Generationenbeziehungen. Konzeptuelle Überlegungen zu einem aktuellen Thema der familienwissenschaftlichen Forschung, Arbeitspapier Nr. 22, Konstanz 1996; dies.: Intergenerational ambivalence: A new approach to the study of parent-child relations in later life, in: Journal of Marriage and the Family, 1998, S. 413–425, sowie die „Arbeitspapiere" Nr. 34.1, 34.4 und 36 (Konstanz 2000); siehe auch K. Lüscher, Die Ambivalenz von Generationenbeziehungen. Eine allgemeine heuristische Hypothese, in: M. Kohli u. M. Szydlik (Hrsg.), Generationen in Familie und Gesellschaft, Opladen 2000, S. 138–161; siehe auch F. Lettke u. K. Lüscher, Generationenambivalenz – Ein Beitrag zum Verständnis von Familie heute, in: Soziale Welt, 2002, H. 4, S. 437–465. – Zur Diskussion in den USA zu dieser Thematik siehe: I. A. Connidis u. J. A. McMullin, A Symposium on Ambivalence in Intergenerational Relationships, Sociological Ambivalence and Family Ties: A Critical Perspective, in: Journal of Marriage and Family, 2002, S. 558–567, sowie V. Bengtson/R. Giarusso u. J. B. Marby u. M. Silverstein, Solidarity, Conflict, and Ambivalence: Complementary or Competing Perspectives on Intergenerational Relationships?, ebda., S. 568–576.

Betriebswirtschaftslehre (wobei letztere sich mit der Haushaltswissenschaft berührt) und der Demographie (Familiendemographie), der Psychologie (Familienpsychologie)[9], der Pädagogik (Familienpädagogik) und der Geschichtswissenschaft bis hin zur (Sozial-)Ethik – wenngleich die einzelnen Disziplinen nur zu oft in getrennt voneinander erfolgenden Arbeiten in Erscheinung treten.[10] Unter den verschiedenen Aspekten wird deutlich, dass Familie im gerade auch rechtswissenschaftlich interessierenden Schnittpunkt des Privaten und des Öffentlichen steht; die durchaus auch spannungsgeladenen Grenzen zwischen beiden Bereichen werden – wie Vergleiche zwischen Ländern und im Zeitablauf erkennen lassen – wesentlich von der jeweiligen Gesellschaftsordnung mit ihren (unterschiedlichen) Leitbildern bestimmt.

– Für den vorliegenden kurzen Überblick kann die internationale Diskussion über die bisherigen Ergebnisse der Familienforschung und vor allem ihrer Entwicklungstrends nicht im einzelnen einbezogen werden. Hier ist jedoch inhaltlich für Deutschland die Rezeption der „New Home Economic" (Neuen Haushaltsökonomik) aus den USA (G. S. Becker, T. W. Schultz) durch K. F. Zimmermann, W. Meyer und H.-G. Krüsselberg hervorzuheben, die schon Mitte der 1980er Jahre auch im Sozialwissenschaftlichen Ausschuss des Vereins für Socialpolitik aufgegriffen wurde[11] H.-G. Krüsselberg hat seinerzeit – in Verbindung mit der Familienwissenschaftlichen Forschungsstelle im Statistischen Landesamt Baden-Württemberg – von der empirischen Seite her einen bemerkenswerten Akzent in der deutschen familienwissenschaftlichen Forschung gesetzt und – zusammen mit den Arbeiten von H. Lampert über die Aufwendungen der Familien für die nachwachsende Generation – wichtige Grundlagen geliefert für den späteren Fünften Familienbericht der Bundesregierung. Zu diesem Einfluss aus dem internationalen Raum ist auch der insbesondere von K. Lüscher schon in den 1980er Jahren aufgegriffene „sozialökologische" Ansatz in der Familienforschung des Amerikaners U. Bronfenbrenner hervor-

---

[9] Die Ausformung der Familienpsychologie hat in den letzten Jahren insbesondere K. A. Schneewind vorangebracht. Vgl. ders. Familienpsychologie, Stuttgart 1991.
[10] Siehe hierzu auch M. Wingen, Familien- und haushaltswissenschaftliche Forschungseinrichtungen signalisieren begrenzte Interdisziplinarität und Kooperationsbereitschaft. Aufschlussreiche Ergebnisse einer Umfrage, in: Zeitschrift für Familienforschung, 2001, H. 1, S. 89–95.
[11] Vgl. H. Todt (Hrsg.), Die Familie als Gegenstand sozialwissenschaftlicher Forschung, Schr. d. Vereins f. Socialpolitik, NF Bd. 164, Berlin 1987.

zuheben.¹² Angesichts der relativ weit entwickelten Familienforschung in den USA ist bemerkenswert, dass dort noch vor einigen Jahren festgehalten wird, trotz der Verbesserungen in den theoretischen und methodischen Ansätzen habe „family social science" in der sozialwissenschaftlichen Forschung immer noch einen relativ niedrigen Status. B. N. Adams¹³ sieht dafür drei Gründe: (1) die Tatsache, dass man es mit weithin weichen Daten (Variablen) zu tun habe, am wenigsten vielleicht noch in der Familiendemographie; (2) die Wertbesetztheit des Familienfeldes; (3) eine Sichtweise, nach der Familie im Bezug zu anderen gesellschaftlichen Institutionen als abhängige Variable gesehen und behandelt werde. Nach dem Zweiten Weltkrieg wurde ein großer Fortschritt im historischen Verständnis der Familie („new family history") erreicht, während noch lange Zeit über Arbeiten zum Überschreiten von theoretischen Grenzen („cross-theoretical work") als „questionable" angesehen wurde. Im Blick auf die Forschung im Feld der Familien in der zweiten Hälfte des abgelaufenen Jahrhunderts unterstreicht B. N. Adams, in den zurückliegenden 50 Jahren hätten wir erst mit der Aufgabe angefangen, das Familienleben zu verstehen. Etwa zur gleichen Zeit wird in der französischen Diskussion zum Stand des Wissens über die Familie festgestellt, trotz der wesentlichen Verbesserungen dieses Wissens könne man nur überrascht sein „vom bruchstückhaften und chaotischen Wissen über die Familie".¹⁴

Seit dem vergangenen Jahrzehnt wird in der amerikanischen Familienforschung sogar die Frage aufgeworfen, ob nicht vom herkömmlichen Familienkonzept Abschied genommen werden müsse und der Familienbegriff nicht durch einen anderen Leitbegriff ersetzt werden sollte, was im Anschluss daran auch in der deutschen wissenschaftlichen Diskussion Anlass zur sehr grundsätzlichen Frage war, „ob Familie überhaupt (noch) ein wissenschaftlich brauchbares Konzept

---

¹² Siehe dazu aus jüngerer Zeit den von M. Grundmann u. K. Lüscher herausgegebenen Band Sozialökologische Sozialisationsforschung, Konstanz 2000, mit den Beiträgen von K. Lüscher Perspektiven einer Soziologie der Sozialisation. Die Entwicklung der Rolle des Kindes, S. 91–120, und Kinderpolitik konzipieren, S. 333–364.
¹³ Vgl. seinen Überblicksartikel im „Journal of Marriage and the Family", 1988, S. 12.
¹⁴ So J. Kellerhals u. L. Roussel, Les sociologues face aux mutations de la famille. Année Sociologique, 1987, zit. bei L. Roussel, Läßt sich die Familie definieren?, in: Familiendynamik, Interdisziplinäre Zeitschr. f. systemorientierte Praxis und Forschung, H. 4/1995, S. 419.

ist".[15] So berechtigt und im Grunde unbestritten es ist, dass das Familienverständnis nicht auf die Strukturen eines historisch überkommenen Familienmodells festgelegt werden darf und andere Strukturen *familialer* Lebensformen nicht ausgegrenzt werden dürfen, so sollten gleichwohl für die wissenschaftliche Durchdringung, die ja nicht nur eine soziologische Dimension hat, die Grenzen sichtbar bleiben zwischen rechtlich verbindlichen Eltern-Kinder-Gemeinschaften und demgegenüber etwa Zweierbeziehungen, die mit der Begrifflichkeit der familialen Lebensformen nicht mehr gefasst werden. Insofern wird in den vorliegenden Überlegungen Familie nicht, wie es in einzelnen amerikanischen familiensoziologischen Diskussionsbeiträgen anklingt, als ein Laien- oder Commonsense-Konstrukt angesehen, das zwar im Alltagshandeln durchaus nützlich sei, aber für einen wissenschaftlichen Anspruch nicht mehr ausreiche; vielmehr wird sie als eigenständiger Gegenstand auch der sozialwissenschaftlichen Forschung und Lehre gefasst, der sich von anderen (u. U. ebenfalls personenorientierten) Sozialsystemen unterscheidet.

– Hervorzuheben ist schließlich die für die Weiterführung der familienwissenschaftlichen Arbeit nützliche Einbeziehung praktisch-politischer Fragestellungen, womit der Gefahr einer Kluft zwischen Wissenschaft und Praxis begegnet werden kann und auch die in den letzten Jahren deutlich gestiegene berufspraktische Relevanz der Familienforschung verdeutlicht wird. Hierzu sei die These festgehalten, dass familienwissenschaftliche Arbeit sich gerade auch in der Begleitforschung von Projekten im Feld der Familienarbeit oder der familienorientierten Unternehmenspolitik zu bewähren hat, in der Evaluation auch von Modellprojekten bzw. gesetzlichen Regelungen.

Gegenüber der US-amerikanischen Diskussion ließ sich in der Nachkriegszeit in der deutschen, aber auch (kontinental)europäischen (insbesondere französischen) familienbezogenen Forschung auf einem Teilgebiet insofern ein tendenziell weiter fortgeschrittener Stand ausmachen, als die theoretische Auseinandersetzung mit der gesellschaftspolitischen Reaktion auf Probleme der Familien und der Familienentwicklung ein vergleichsweise größeres Gewicht besaß. Die Integration der gedanklichen Grundlagen einer familienbezogenen Politik in das Feld von family

---

[15] Siehe dazu aus jüngster Zeit insbes. den Hauptartikel von K. Lenz, Familie – Abschied von einem Begriff?, in: EWE (vormals EuS), 2003, in dem freilich mehrere Varianten vorgestellt werden, die es nach Auffassung des Verfassers ermöglichen würden, den Familienbegriff – wenn auch mit Überwindung seiner „Verengung" durch Ausweitung auf den Begriff der „persönlichen Beziehung" – im wissenschaftlichen Repertoire zu halten.

social science, also die Einbeziehung einer Familienpolitik-Lehre in die familienwissenschaftliche Forschung, war lange Zeit über in den USA wohl vergleichsweise deutlich weniger entwickelt als in einigen europäischen Ländern.[16] Erst in den 1990er Jahren hat sich die Familienpolitik in den USA fester etabliert und mit ihrer Entwicklung die Auffassung widerlegt, dass sie nicht von Dauer sein werde; sie ist in ihrem Kern auf die Förderung familiärer Bindungen ausgerichtet, was in einer individualistischen Kultur, in einer streng am Markt orientierten Wirtschaft und in einer Gesellschaft mit einem relativ schwachen sozialen Sicherungsnetz gerade aus wissenschaftlicher Perspektive als besonders konsequent angesehen wird.[17] Gleichwohl besitzt sie in den USA noch nicht den Status eines voll entwickelten Politikfeldes vergleichbar der Wirtschafts- oder Umweltpolitik und ist „Familienpolitik" bisher noch kein durchweg im politischen Feld allgemein benutzter Begriff. Als um so wichtiger hat sich die Familienforschung in ihrer Bedeutung für die Stärkung einer tatsächlichen familienbezogenen Politik erwiesen.[18] Bemerkenswert für die Situation (auch) in den USA erscheint der Befund, dass die Debatte über familienpolitische Probleme weiterhin sowohl innerhalb der Träger von praktischer Politik („policy makers") als auch innerhalb der Vertreter der Wissenschaft tief verwurzelte Emotionen und Kontroversen hervorruft.

Auf dem Hintergrund dieses Überblicks erscheint die familienwissenschaftliche Forschung nicht als eine eigenständige, geschlossene Wissenschaftsdisziplin. Vielmehr tritt ihre *interdisziplinäre Vielfalt* ebenso hervor wie die wissenschaftstheoretische Pluralität. Gleichwohl kann und sollte angesichts der wissenschaftlichen Weiterentwicklung gefragt werden, in-

---

[16] Vgl. dazu etwa den Band über „The Futility of Family Policy", Washington 1981, von G. Y. Steiner, der die Entwicklung des komplexen Familienproblems als Gegenstand der Politik untersuchte, die Schwierigkeiten einer aussichtsreichen umfassenden nationalen Familienpolitik unterstrich und im Blick auf die amerikanische Tradition festhielt: „Families are an aspekt of human existence that American politicians usually avoid or bury under platitudes rather than address as a public policy problem" (S. 3).

[17] Vgl. K. Bogenschneider, Has Family Policy Come of Age? A Decade Review of the State of U. S. Family Policy in the 1990s, in: Journal of Marriage and the Family, 2000, S. 1136–1159. – „The dilemma for family policy scholars is that the very conditions that make family commitments so important also constitute some of the most entrenched barriers to progress" (ebda. S. 1154).

[18] Siehe im Blick auf die Weiterentwicklung in den 1990er Jahren auch den Band „Children, Families, and Government. Preparing für the Twenty-first Century, E. F. Ziegler/S. L. Kagan/N. W. Hall (Hrsg.), Cambridge Univ. Press 1996, in dem u. a. der Forschungsstand über Probleme, denen Kinder und Familien ausgesetzt sind, sowie darauf bezogene politische Lösungen behandelt werden.

wieweit wir inzwischen nicht schon auf dem Wege von einer betont interdisziplinären Familienforschung zu einem eigenen Fach Familienwissenschaft sind. Auf diese für die familienwissenschaftliche Forschung – in ihrer Bedeutung nicht zuletzt für die praktische Politik – zentrale Frage konzentrieren sich die folgenden Anmerkungen, die besonders durch das aktuelle Signal aus der Erfurter Universität veranlasst sind.

Exkurs:
Zur Karriere eines relativ jungen Begriffs

In dem breiten Feld der sozialwissenschaftlichen Forschung ist für den hier in Rede stehenden Forschungsansatz die Bezeichnung „familienwissenschaftlich" erst in den letzten Jahrzehnten in Gebrauch gekommen und beginnt sich inzwischen einzubürgern. Das Wort Familienwissenschaft bzw. familienwissenschaftlich tauchte in der Nachkriegszeit in *Deutschland* zunächst nur vereinzelt auf, so im Bericht der Sachverständigen-Kommission für den Zweiten Familienbericht der Bundesregierung (1975). Auf der institutionellen Ebene findet sich die Bezeichnung erstmals im Namen der zu Anfang der 1980er Jahre im Statistischen Landesamt Baden-Württemberg eingerichteten „Familienwissenschaftlichen Forschungsstelle (FaFo)", die seit ihrer Einrichtung eine Reihe von (gerade auch betont familienpolitikorientierten) Analysen vorgelegt hat, insbesondere zur sozialökonomischen Lage von Familien und zu Arbeitszeitbudgets der Familien, zur Situation der Familien in Baden-Württemberg (Landesfamilienbericht) sowie zur Evaluierung der 1987 eingeführten und später weiter ausgebauten Erziehungsgeldregelung. An der Universität Oldenburg gibt es seit 1986/87 eine Interdisziplinäre Forschungsstelle Familienwissenschaft (IFF), eine wissenschaftliche Einrichtung von zwei Fachbereichen (Sozialwissenschaften und Pädagogik), die Wissenschaftler(innen) der beiden Fachbereiche sowie Mitarbeiter aus Forschungsprojekten und benachbarten Bereichen, die sich kontinuierlich mit familienwissenschaftlichen Sachverhalten in Forschung und Lehre befassen, vereinigt; die Aufgaben erstrecken sich dabei auf die Präsentation von Forschungsergebnissen und Problemen aus dem Gebiet der Familienwissenschaft in öffentlichen Veranstaltungen ebenso wie auf Fragen der familienwissenschaftlichen Methodologie sowie auf familienwissenschaftliche Sachverhalte in den sozial- und erziehungswissenschaftlichen Studiengängen.

Im kirchlichen Raum wurde auf der Grundlage einer Gründungsinitiative des Vatikan von 1987/88 im Herbst 1990 in Kerkrade/NL. ein „Internationales Institut für Familienwissenschaften" (Medo-Institut) eingerichtet, das aber Mitte der 1990er Jahre seine Arbeit wieder einstellte (und mit einem theologischen Teilbereich in speziell theologischer Ausrichtung nach Österreich in die Nähe von Wien verlagert wurde).[19] In der „Gustav-Siewerth-Aka-

---

[19] Die Aufgabe des Instituts lag allerdings weniger in eigenen Forschungsarbeiten, sondern es ging mehr um die systematische Rezeption von Forschungs-

demie", einer kleinen staatlich anerkannten wissenschaftlichen Hochschule in Weilheim-Bierbronnen b/Waldshut, gibt es seit kurzem einen familienwissenschaftlichen Magisterstudiengang „Familienwissenschaft" mit den Hauptfächern Pädagogik und Kath. Theologie. In diesem Studiengang sollen die Querverbindungen mit den übrigen Studienfächern (Philosophie – auch der Naturwissenschaften –, Soziologie und Journalistik) es den Studierenden ermöglichen, human- und sozialwissenschaftliche Probleme im Dialog mit Philosophie und Theologie zu studieren und dabei durch eine Vielfalt von Fächerkombinationen unterschiedliche Schwerpunkte zu bilden. Dahinter steht das Ziel, den Studierenden der verschiedenen Einzelfächer eine „ganzheitliche Bildungs- und Handlungskompetenz" zu vermitteln.

Seit Anfang der 1990er Jahre wird die Bezeichnung „familienwissenschaftlich" zunehmend z. B. auch in den besonders vom Land BW geförderten Forschungsarbeiten im Bereich „Gesellschaft und Familie" an der Universität Konstanz verwandt, ebenso in den die Familie und Familienpolitik betreffenden Arbeiten des Deutschen Jugendinstituts (DJI) in München sowie des ausdrücklich auf Familienforschung ausgerichteten, im Anschluss an einen vorausgegangenen Forschungsschwerpunkt 1994 gegründeten Staatsinstituts für Familienforschung an der Universität Bamberg (IFB). Das IFB gibt die schon im 16. Jahrgang erscheinende Zeitschrift für Familienforschung heraus, die

---

ergebnissen im Dienste der Aus- und Weiterbildung für familienbezogene Berufswege. Für die wissenschaftliche Ausbildung an dem betont kirchlich orientierten Medo-Institut, das die Anerkennung der KMK als universitäre Einrichtung erhielt (BAFöG-Förderung), wurde ein sehr ambitiöses Programm ausgearbeitet, das ein 6-semestriges Bakkalaureat in Familienwissenschaften (mit der Möglichkeit von Zusatzdiplom in Familienpädagogik, Familienpastoral oder Familienkatechese) und ein darauf aufbauendes 4-semestriges Lizentiatsstudium (u. U. mit anschließender Promotion zum „Dr. rer. fam.") vorsah. Das vom Institutsrat 1993 beschlossene Curriculum umfasste Lehrveranstaltungen in Pädagogik, Sozialwissenschaft/Recht/Politik, Psychologie, Medizin, Geschichte, Philosophie und Theologie; innerhalb dieser Fächer waren die Themenfelder wiederum sehr breit gespannt, so in der Psychologie bis hin zu familientherapeutischen Methoden, in der Medizin bis Gentechnologie, in der Geschichte bis zu den Grundzügen europäischer Kultur- und Kirchengeschichte oder in der Theologie bis zur Einführung in die Liturgie und Christologie und bis zu Ehe und Familie in der Patristik. Damit war der Bogen wohl viel zu weit gespannt, so dass Zweifel berechtigt erscheinen, ob der damit verbundene Anspruch auf ein neues Berufsbild „Familienwissenschaftler" wirklich eingelöst werden konnte. Immerhin bleibt im Blick auf zahlreiche familienbezogene Tätigkeitsfelder der Ansatz eines integrativ und interdisziplinär ausgerichteten Studiums bemerkenswert, der sich nicht zuletzt als ein Beitrag zur Überwindung eines „noch immer auf cartesianischem Modell fußenden Wissenschaftsverständnisses" verstand. Näheres dazu siehe R. Stein, Familienwissenschaftler/Familienwissenschaftlerin – Informationen über ein neues Berufsbild, hekt. (1993).

die interdisziplinäre Kommunikation und Diskussion systematisch zu fördern sucht. Auch das erst zu Beginn des neuen Jahrhunderts begründete Zentralinstitut für Ehe und Familie in der Gesellschaft (ZFG) der Katholischen Universität Eichstätt verstand sein erstes „interdisziplinäres Symposium zu Familienwissenschaften" im September 2002 als Auftaktveranstaltung zur geplanten Gründung eines Netzwerks für den interdisziplinären Dialog von familienwissenschaftlichen Einrichtungen aus Forschung und Praxis.[20] Eine ausdrücklich familienwissenschaftliche Ausrichtung findet sich schließlich in dem jüngst von der Landesstiftung Baden-Württemberg eGmbH aufgelegten Forschungsprogramm Familienforschung, mit dem eine stärker interdisziplinäre Vernetzung von Vertretern aus einschlägigen Fächern erreicht und die wissenschaftlichen Fachvertreter mit den Praktikern aus Politik und Verbänden zusammengeführt werden sollen, nicht zuletzt um der sozialpolitischen Praxis Entscheidungsgrundlagen für ihr Handeln zu liefern. In der fundierten Analyse familienwissenschaftlicher Fragestellungen wird auch hier eine wichtige Grundlage zur Sicherung der Zukunftsfähigkeit des Landes gesehen. In Österreich versteht sich das Österreichische Institut für Familienforschung (ÖIF) als eine Einrichtung zur interdisziplinären wissenschaftlichen und anwendungsbezogenen Erforschung und Darstellung der Vielfalt und Veränderungen familialer Lebenswelten aus der Sicht von Kindern, Frauen und Männern; gegenwärtig liegt bei dem Institut auch die Koordination der Arbeiten der Europäischen Beobachtungsstelle der EU, eines multidisziplinären Netzes unabhängiger Sachverständiger zur sozialen Situation, Demographie und Familie.

II. Möglichkeiten, Probleme und Grenzen einer interdisziplinären familienwissenschaftlichen Forschung und Lehre

1. Familien im Blickfeld unterschiedlicher Disziplinen und die Notwendigkeit von deren Verschränkung

Familien sind nicht erst in der Gegenwart Gegenstand sozialwissenschaftlicher Forschung. Sie waren in ihren sich im sozialgeschichtlichen Ablauf wandelnden Erscheinungsformen immer wieder Gegenstand wissenschaftlichen und auf die praktische Staatskunst und Politik bezogenen Denkens – von der Antike über das Mittelalter und die frühe Neuzeit bis

---

[20] A. Habisch, H. L. Schmidt u. M. Bayer (Hrsg.), Familienforschung interdisziplinär – Eichstätter Symposium zu Familienwissenschaften, CONNEX – gesellschaftspolitische Studien Bd. 3, Grafschaft 2003. – Siehe dort auch den in der vorliegenden Darstellung weitergeführten Beitrag des Verf.: Anmerkungen zu Stand, Schwerpunkten und Desideraten familienwissenschaftlicher Forschung aus sozialwissenschaftlicher Perspektive, S. 17–32.

heute. Familie wurde dabei aus unterschiedlichen Blickwinkeln gesehen entsprechend ihrem Charakter als eines relativ „totalen" i. S. von ganzheitlichen Sozialgebildes. R. König sprach, vielfach zitiert, von der „biologisch-sozialen Doppelnatur" der Familie. Auch damit war im Grunde ein multidisziplinärer Zugang zur Familie angesagt. In der bevölkerungswissenschaftlichen Forschung des Bundesinstituts für Bevölkerungsforschung (BIB) z. B. werden immer wieder auch familienbezogene Themen mit berücksichtigt entsprechend seinem Auftrag, in seine Arbeiten auch die demographisch relevanten Familienfragen einzubeziehen.

Was aber insgesamt noch wenig entwickelt ist, ist die *integrative Bündelung und Verschränkung der verschiedenen disziplinären Ansätze* in einer interdisziplinär (nicht nur multidisziplinär) ausgerichteten Herangehensweise an den Forschungsgegenstand Familie. Eine solche bildet sich offensichtlich erst allmählich heraus, wird aber inzwischen mehr und mehr als zum Verständnis familienwissenschaftlicher Arbeit gehörig angesehen.[21] Der wissenschaftliche Zugang zum Gegenstandsbereich Familie wird dabei wesentlich von der grundständigen Ausrichtung des jeweiligen Wissenschaftlers bestimmt; in einer die Grenzen einer Einzeldisziplin überschreitenden Vorgehensweise soll Familie dann aber eine umfassendere wissenschaftliche Erfassung erfahren, die der Realität von Familie deutlich näher kommt, als dies aus dem Blickwinkel nur einer Disziplin der Fall sein kann.

Interdisziplinäre Ansätze gewinnen auch weit über die Familienforschung hinaus mehr und mehr Bedeutung. Auch bei ökonomischen Phänomenen kann, wie mit Experimenten als evident erwiesen wurde, nicht davon ausgegangen werden, dass Menschen stets rational und eigennutzorientiert entscheiden. Gleichwohl besteht immer wieder die Gefahr, dass aus gelungener erkenntnisbringender Analyse aus dem modellhaften Bild des „homo oeconomicus" vorschnell ein *normativ* gemeintes Postulat für

---

[21] Wie fruchtbar der Zugang zum Forschungsgegenstand Familie und familienbezogene Politik unter verschiedenen fachlichen Perspektiven ist, zeigt sehr überzeugend die Arbeit von F. X. Kaufmann „Zukunft der Familie im vereinten Deutschland (Gesellschaftliche und politische Bedingungen)", München 1995, in der in einer zweifachen Perspektive, nämlich einer gesamtgesellschaftlichen und einer politischen, mehrere disziplinäre Ansätze zusammengesehen werden, der (familien-)soziologische Aspekt ebenso wie der (familien-)ökonomische, ergänzt um den rechtlichen und historischen Aspekt. Damit gelingt dem Autor eine zusammenfassende Deutung, die auf dem Forschungsstand zum Ende des abgelaufenen Jahrhunderts und auf eigenen Forschungserfahrungen in den Bereichen der Familiensoziologie, der Bevölkerungswissenschaft und der Sozialpolitik aufbaut.

menschliches Handeln herausgelesen wird. Das würde aber dem Grundverständnis der Wirtschaftswissenschaft widersprechen, die sich erklärtermaßen nicht mit allen Facetten menschlichen Handelns befasst.[22] Aus dem Feld der Volks- und Betriebswirtschaftslehre ist zu Recht (auch in methodenkritischer Sicht) die Beobachtung festgehalten worden, „dass das in den Einzelwissenschaften aufgrund eines eng definierten Identitätskriteriums vorherrschend atomistische bzw. „zerfällende" Denken nur selten für die Lösung praktischer Probleme ausreicht, weil die Aufgaben der Praxis eben meist komplexer Natur sind, als Ganzheiten auftreten und deshalb über die jeweiligen Fachgrenzen hinausweisen",[23] – weshalb etwa in der Betriebswirtschaftslehre gegen die „eindimensionale Aspektlehre" und zugunsten eines interdisziplinären Systemansatzes Stellung bezogen werde. Der integrative interdisziplinäre Ansatz erscheint besonders wichtig, wenn es um die praktisch-politische Anwendung von familienwissenschaftlicher Forschung in der Familienpolitikberatung geht. Ein interdisziplinärer Ansatz für anwendungsbezogene politikrelevante Analysen von Familien und familialen Lebenssituationen ist deshalb so wichtig, weil die Lebenseinheit Familie von einzelnen Teildisziplinen nur begrenzt erfasst werden kann.

---

[22] Vgl. dazu W. Kösters, Der homo oeconomicus. Unnötiger Stolperstein oder produktive Herausforderung in der interdisziplinären Arbeit?, in: Gesellschaft im Test, H. 2/2002, S. 61 ff. – K. Homann u. A. Suchanek, Ökonomik. Eine Einführung, Tübingen 2000, bemerken sehr anschaulich, die Verwendung des irreführenden Wortes „homo" verdecke, „dass es sich um eine Annahme nicht über „Menschen", sondern über „Situationen von Menschen in Interaktionen" handle (S. 426); zit. bei W. Kösters, a. a. O., S. 64. – Zu den – besonders auf A. Marshall gestützten – Vorbehalten in den späteren Werken des österreichischen Sozialethikers Joh. Messner gegenüber der „un- bzw. contraethischen" Denkfigur des homo oeconomicus siehe aus jüngster Zeit E. Fröhlich mit der Feststellung: „Es ist nicht der homo oeconomicus, der dem Wirtschaftsprozeß zugrunde liegt, es sind, für den homo sapiens, die Bedürfnisse der menschlichen Person und ihrer „Lebensverhältnisse", auf die die wirtschaftliche Wertschöpfung auszurichten sei. Es liegt also hinter den „Sachgesetzen" unter Achtung für die „Natur der Sache", für die wirtschaftsethische Willensbildung, ein Sollen vor!" Vgl. E. Fröhlich, Der „homo oeconomicus" und die Ganzheitslehre bei Johannes Messner, in: R. Weiler (Hrsg.), Wirtschaften – ein sittliches Gebot im Verständnis von Johannes Messner, Sozialwissenschaftliche Schriften H. 37, Berlin 2003, S. 195.
[23] G. Kolb, Die Geschichtsvergessenheit der Volkswirtschaftslehre und ihre Folgen, in: Die Neue Ordnung, H. 3/2001, S. 212, für die Betriebswirtschaftslehre unter Berufung auf H. Ulrich, Die Unternehmung als produktives soziales System. Grundlagen der allgemeinen Unternehmungslehre, 2. Aufl., Bern u. Stuttgart 1970.

Grundsätzlich können sich in einem breiten integrativen Ansatz eine Reihe von (Teil-)Disziplinen anbieten, so Familiensoziologie, -ökonomik, die die sozialökonomischen Grundlagen von Familien und deren elementaren Beitrag zum Aufbau des „Humanvermögens" einer Gesellschaft besonders im Blick hat, -psychologie, -pädagogik, -demographie, -anthropologie wie auch Felder der Biologie. Bei der neuen Professur für Familienwissenschaft mit der Ansiedlung in der Staatswissenschaftlichen Fakultät der Universität Erfurt stehen im Vordergrund: insbesondere aus dem Bereich der Rechtswissenschaft das Familienrecht (mit seiner Ordnungsfunktion für familiales Zusammenleben) sowie die Befassung mit der Familie im Staats-, Verfassungs- und Sozialrecht bis hin zur Position der Familie im Feld von Eingriff und Leistung bei verteilungspolitischen Maßnahmen (Steuerrecht)[24], daneben aber auch die Familienökonomik und die –soziologie. In diesem Umfeld muss stets die politische Wissenschaft mit gesehen werden.

Die einzelnen familienbezogenen Teildisziplinen sind auf einer ersten Ebene jeweils in ihrem umfassenderen sozial-, wirtschafts- bzw. rechtswissenschaftlichen „Ursprungsfach", aus dem sie ausdifferenziert sind, verankert. Sie lassen sich auf einer zweiten Ebene aber durch ihren gemeinsamen Forschungsgegenstand zusammenfassen und als „Familienwissenschaft" bündeln, wobei den einzelnen Disziplinen je nach Fragestellung ein unterschiedliches Gewicht zukommt. Siehe dazu die nachstehende vereinfachte schematische Übersicht (S. 20).

Diese Teildisziplinen sollten nun aus familienwissenschaftlicher Sicht nicht unverbunden nebeneinander stehen. Ihre Forschungsergebnisse im Blick auf das Sozialgebilde Familie (seine Binnenstrukturen und Außenbeziehungen zu anderen gesellschaftlichen Teilbereichen und zu gesamtgesellschaftlichen Ordnung) sind vielmehr den jeweils anderen familienbezogenen bzw. zumindest familienrelevanten Teildisziplinen zu vermitteln. Indem dieser Vermittlungsprozess geleistet wird und die jeweiligen Ergebnisse nicht nur „registriert", sondern auch problembezogen im eigenen Forschungsfeld „verarbeitet" werden, kommt es zu einem interdisziplinären Ansatz. Zur vollständigen Erklärung tatsächlichen Familienverhaltens bzw. familialer Entwicklungen dürften die in Verbindung gebrachten Ergebnisse erst in ihrer Zuordnung und wechselseitigen (begrenzten) Korrektur in etwa befriedigende Erklärungsmuster liefern.[25]

---

[24] Zum letzteren Aspekt siehe die grundlegende Arbeit (Habil.schrift) von M. Pechstein, Familiengerechtigkeit als Gestaltungsgebot für die staatliche Ordnung, Studien und Materialien zur Verfassungsgerichtsbarkeit Bd. 59, Baden-Baden 1994.

[25] So hat der Konstanzer Psychologe H. Walter unlängst einen Überblick

Eine Verknüpfung unterschiedlicher Disziplinen wird der Weiterentwicklung der Disziplinen selbst wie auch den erweiterten Einsichten in die eher noch komplexer werdenden Problemlagen von Familien Rechnung tragen müssen. [26]

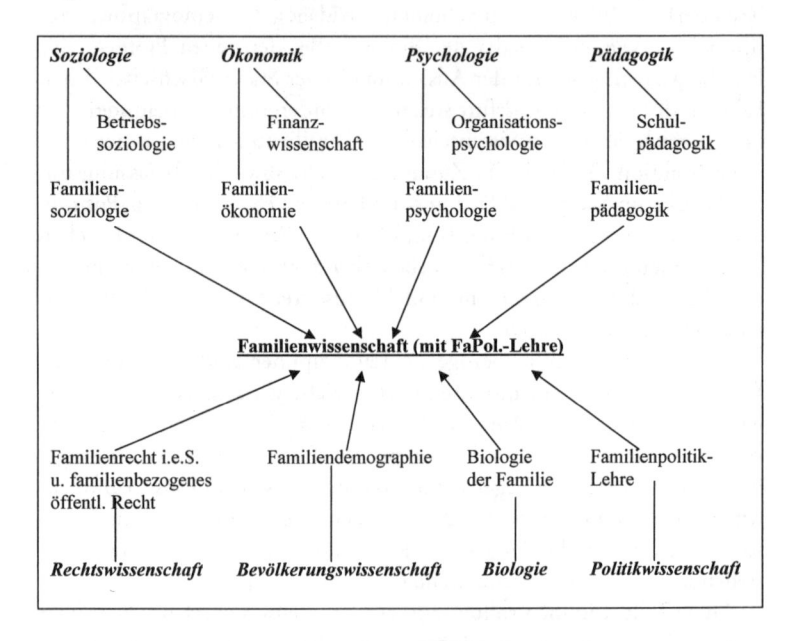

Soziologie	*Ökonomik*	*Psychologie*	*Pädagogik*
Betriebs- soziologie	Finanz- wissenschaft	Organisations- psychologie	Schul- pädagogik
Familien- soziologie	Familien- ökonomie	Familien- psychologie	Familien- pädagogik

Familienwissenschaft (mit FaPol.-Lehre)

Familienrecht i.e.S. u. familienbezogenes öffentl. Recht	Familiendemographie	Biologie der Familie	Familienpolitik- Lehre
Rechtswissenschaft	*Bevölkerungswissenschaft*	*Biologie*	*Politikwissenschaft*

über die (deutschsprachige) sozialwissenschaftliche Väterforschung aus unterschiedlichen Disziplinen – mit Beiträgen aus der Psychologie, Soziologie, Biologie, Psychiatrie und Rechtswissenschaft – herausgegeben. Er möchte damit auf diesem Arbeitsfeld das notwendige interdisziplinäre Gespräch fördern, weil noch viel nebeneinander her geforscht werde und ein Gespräch zwischen den einzelnen Fachgebieten erst ansatzweise stattfinde. Vgl. H. Walter (Hrsg.), Männer als Väter. Sozialwissenschaftliche Theorie und Empirie, Gießen 2002, Vorwort, S. 10.

[26] Aufschlussreich ist in diesem Zusammenhang beispielsweise auch, dass im Bereich der Kommunalwissenschaften vor einem halben Jahrhundert Rechts- und Wirtschaftswissenschaft dominant waren, denen gegenüber andere Wissenschaftszweige oft eher als „Hilfswissenschaften" gesehen wurden, wie Soziologie, Geschichtswissenschaft, Pädagogik, Individual- und Sozialpsychologie, die heute mit ihren Ergebnissen im interdisziplinären Dialog auch in den Kommunalwissenschaften weithin gleichwertige Disziplinen darstellen. Siehe dazu etwa H. Peters in dem von ihm herausgegebenen Handbuch der kommunalen Wissenschaft und Praxis, 1. Aufl., 1. Bd., Berlin u. a. 1956, S. 16 f.

Auch für andere neuere Wissenschaftsfelder stellen diese Zusammenhänge ein viel diskutiertes Problem dar. Eine sich erst herausbildende Familienwissenschaft hinkt hier noch hinter anderen wissenschaftlichen Arbeitsfeldern her wie etwa der sehr ausformulierten und bereits sehr institutionell gestützten Verwaltungswissenschaft, die gleichwohl noch bis heute um ihr Selbstverständnis als Fach ringt.[27] Gewisse Parallelen im interdisziplinär orientierten Ansatz wissenschaftlicher Forschung können hier auch zu einer sozioökonomisch und kultursoziologisch ausgerichteten *Bevölkerungswissenschaft* gesehen werden, wie sie sich in den letzten Jahrzehnten herausgebildet hat, ohne allerdings ihr festes Profil endgültig gefunden zu haben.[28] Lange Zeit über war sie wie Nationalökonomie und Soziologie in sog. Staatswissenschaften „versteckt".[29]

Neben Parallelen zur Bevölkerungswissenschaft ließen sich ähnliche Entwicklungsprobleme wohl auch für eine betont interdisziplinär angelegte (und besonders zur Medizin hin geöffneten) *Gerontologie* aufzeigen, die heute gleichwohl für sich den Charakter einer eigenen Disziplin in Anspruch nimmt. Hinzuweisen wäre aber auch auf die „Arbeitswissenschaft", die typisch interdisziplinär angelegt ist und in der universitären Landschaft mit mehreren Lehrstühlen vertreten ist, sowie besonders auf die *Haushaltswissenschaft*, die – soweit es den Privathaushalt betrifft – sogar besonders enge Verbindungen zur Familienwissenschaft dort hat, wo der Familienhaushalt in Rede steht. R. von Schweitzer bemerkt zu ihrer

---

[27] Vgl. G. Roellecke, Die Verwaltungswissenschaft – von außen gesehen, in: K. König (Hrsg.), Verwaltung und Verwaltungsforschung, a. a. O., S. 1 ff. – K. König selbst, ein Altmeister der Verwaltungswissenschaft, hält (ebda. S. 87) für die kontinentaleuropäische Verwaltungswissenschaft fest, sie habe es – im Unterschied zur US-amerikanischen Disziplin „Public Administration" – kaum zu einer Disziplin im Sinne eines Studienfachs gebracht. – Und wenn K. Dammann, D. Grunow und K. P. Japp zu den Schwierigkeiten, die die Verwaltungswissenschaft mit der Beschreibung ihres Gegenstandes habe, mit Bezug auf die Systemtheorie anmerken, Verwaltungswissenschaft heiße „ein Konglomerat aus politischen, wirtschaftlichen und rechtlichen Kommunikationen und darüber hinaus auch solchen im engeren, soziologischen Sinne wissenschaftliche Beobachtungen, die nicht an die Beschränkungen der anderen Funktionssysteme gebunden sind" (Theorie der Verwaltungswissenschaft – nach mehr als einem Vierteljahrhundert, in: K. Dammann, G. Grunow u. K. P. Japp (Hrsg.), Die Verwaltung des politischen Systems, 1994, S. 244, zit. bei G. Roellecke, a. a. O., S. 5), so legen sich auch insoweit bisher gewisse Parallelen zu einer Familienwissenschaft nahe.
[28] Vgl. R. Mackensen, Vergangenheit und Zukunft der Demographie als Wissenschaft, in: Zeitschrift für Bevölkerungswissenschaft, H. 3–4/2000, S. 399 ff.
[29] J. Schmid, FAZ v. 19.12.1994, S. 8.

Einführung in die Wirtschaftslehre des privaten Haushalts, wer eine Einführung in Theorien und Probleme der wissenschaftlichen Disziplin Wirtschaftslehre des Privathaushalts, die sich interdisziplinär formiert habe, schreibe, müsse nicht nur den Mut zu interdisziplinärer Arbeitsweise haben, sondern damit auch den Mut, Denkansätze anderer Disziplinen stark vereinfacht und verkürt übernehmen zu müssen. Auch Familienforschung (als gute „Netzwerkforschung" über die disziplinären Grenzen hinweg mit mehrdimensionaler Fachkompetenz) sei ohne haushaltswissenschaftliche Forschung kaum erfolgreich und handlungsorientiert denkbar. Weitere Beispiele für mehr oder weniger interdisziplinäre Orientierungen jenseits familienwissenschaftlicher Forschung finden sich etwa in Gestalt der Regionalwissenschaften (zu den dort einbezogenen unterschiedlichen Fächern gehören neben Fremdsprachen Geschichte, Politikwissenschaft, Volkswirtschaftslehre, Mikro- und Makroökonomie und Rechtswissenschaft)[30], aber auch der Gesundheitswissenschaften, der Umweltwissenschaften und der Kommunalwissenschaften.[31]

Nun wird von Fachvertretern darauf hingewiesen, dass Wissenschaftsdisziplinen, in denen die Familie nicht nur eine marginale Rolle spielt, sich und den Gegenstand nicht aufgeben können und wollen.[32] Die Frage ist jedoch, inwieweit für ganzheitliche Erklärungsansätze in Bezug auf

---

[30] Das interdisziplinäre Projekt einer Institutionalisierung der Regionalwissenschaften ist z. B. an den Berliner Universitäten mit seinen Problemen und Grenzen für interdisziplinäre Forschungs- und Lehrkontexte in einer Senatskommission (unter Vorsitz von Fr. Neidhardt) i. J. 2001 eingehend erörtert worden. *Nach Ansicht der Kommission gehöre es zu den Schwächen der deutschen Wissenschaft, dass eine in Fakultäten „versäulte" Universität zu einer wechselseitigen Isolierung der Disziplinen und zu einer Überbetonung disziplinär eingeschränkter Gesichtspunkte neige.*

[31] Eine interdisziplinäre Grundorientierung mit ausgesprochenem Praxisbezug findet sich auch in dem interdisziplinär aufgebauten Studiengang (in berufsbegleitender Form), der für den „Master of Arts in Social Services Administration" am Institut für interdisziplinäre und angewandte Diakoniewissenschaft an der Univ. Bonn (mit Sitz in Mülheim a. d. Ruhr) eingerichtet worden ist und das Ziel hat, theoretische und berufsbezogene Kenntnisse und Fertigkeiten zur Führung im Bereich der Organisationen sozialer und therapeutischer Dienstleistungen zu vermitteln.

[32] Vgl. dazu z. B. Fr. W. Busch, der in der Einleitung zu dem von ihm hrsg. Band: Rosemarie Nave-Herz, Familie zwischen Tradition und Moderne (Ausgewählte Beiträge zur Familiensoziologie), Oldenburg 2003, im Anschluss an R. Nave-Herz festhält, das bisherige Fehlen einer „autonomen Familienwissenschaft" sei angesichts des Standes der Spezialisierung im Hinblick auf den Gegenstandsbereich „Familie" kein Nachteil (S. 7).

familiale Lebenswelten nicht *daneben* durch eine – in der Fächerbreite sicherlich nur begrenzt leistbare – Verknüpfung unterschiedlicher Teildisziplinen auf einer „zweiten Ebene" ein „Verknüpfungsfach" sui generis entstehen kann und sollte, von dem nicht zuletzt auch wichtige Beiträge zur theoretischen Grundlegung einer ganzheitlichen Familienpolitik erwartet werden dürfen. Dies liefe darauf hinaus, dass es ein Nebeneinander gäbe von auch künftig weiterer Arbeit der „reinen" Familiensoziologen, Familienökonomen u. s. w., die an ihren disziplinspezifischen Problemdimensionen, Forschungsergebnissen und Verbesserung von Methoden arbeiten, *und* einer Gruppe von Wissenschaftlern (u. U. mit personeller Überlappung), die sich auf die Integration der verschiedenen Disziplinaspekte spezialisiert haben. Letztere wären die eigentlichen Träger einer interdisziplinär angelegten Familienwissenschaft, die sich damit in gewissem Sinne als eine weitere Ausdifferenzierung des Wissenschaftsspektrums und *zugleich* als eine Re-Integration möglichst ganzheitlichen wissenschaftlichen Denkens und Arbeitens – in diesem Falle im Blick auf die Lebenseinheit Familie – darstellen würde.

Es mindert die Bedeutung eines interdisziplinären Vorgehens nicht, wenn dabei stets bedacht wird, dass diese „Grenzüberschreitungen" nicht beliebig weit ausgedehnt werden können, sondern ihrerseits ihre Grenzen finden in dem, was im interdisziplinären Dialog noch leistbar ist. Der interdisziplinär orientierte familienwissenschaftliche Ansatz erscheint indessen zur Lösung praktischer Probleme und damit auch für eine effiziente Beratung von Familienpolitik und sozialer Familienarbeit im Grunde unerlässlich. Es gilt freilich zu sehen, dass der *einzelne* Wissenschaftler alsbald auch überfordert sein kann, so dass eine interdisziplinäre Zusammenarbeit mit Vertretern jeweils benachbarter Disziplinen notwendig ist, was ein Team von entsprechend vorgebildeten Wissenschaftlern nahe legt. Dies wird es auch bei zunächst begrenzten Grundausstattungen von entsprechenden Lehrstühlen erforderlich machen, Drittmittel einzuwerben, die allerdings eine gewisse mittelfristige Kontinuität in der Arbeit gewährleisten sollten.

Ein Fach Familienwissenschaft wird sich deshalb wohl immer nur begrenzt in einer Person als Kristallisationskern für kleine Gruppen von ähnlich interdisziplinär orientierten Fachvertretern verkörpern (können). Seine besondere Bedeutung kann darin gesehen werden, dass es in der Familienforschung das Bewusstsein für die Notwendigkeit interdisziplinärer Vorgehensweisen schärft und in der Praxis- und Politikberatung die Einsicht verstärkt, dass der komplexen Lebenseinheit Familie weithin auch nur mehrdimensionale Handlungsempfehlungen gerecht werden können. *Die Familienwissenschaft stellt sich damit als ein Fach dar, das von seinem Forschungsgegenstand her auf die Familie (in ihren unterschiedlichen historisch bedingten und kulturell überformten Erscheinungsformen) spezialisiert und in seiner Herangehensweise an diesen Gegenstand durch eine betont interdisziplinäre Verknüpfung von disziplinspezifischen familienbezogenen Erkenntnisinhalten und methodischen Ansätzen charakterisiert ist.* Ihr Formalobjekt könnte in der Gesamtheit der Wechselbezüge zwischen den Ergebnissen der familienbezogenen (Teil-)Disziplinen gesehen werden.

Wichtig erscheint dabei vor allem eine Verständigung über eine zu erarbeitende „Basistheorie", die als konstitutiv für das Fach angesehen werden kann. Diese könnte z. B. im Umfeld der Systemtheorie liegen. Sie wird hochgradig komplex (und auch sehr abstrakt) sein müssen, damit sie in den verschiedenen Einzeldisziplinen gleichermaßen „anschlussfähige Resonanz" erzeugt und besonders in der anwendungsorientierten Forschung zu konkreten und angemessenen Ergebnissen führt (B. Eggen). Schon von seiner theoretischen Basis her wird ein Fach Familienwissenschaft einerseits die Familien (in ihren verschiedenen äußeren Erscheinungsformen) als oft vergessene *Leistungsträger* („im Schatten der Politik") im Blick haben müssen, andererseits die Familien mit jenem elementaren *Bedarf*, der nur sehr bedingt durch Marktleistung abgedeckt werden kann, (wozu dann der systemtheoretische Ansatz für die Berücksichtigung dieses Bedarfs wichtige Hinweise geben kann).[33] Für eine integrativ verstandene Familienwissenschaft ist die Qualität ihrer Theorie (bzw. Theoriebildung) von besonderer Bedeutung, wobei Theorie dabei i. S. von N. Luhmann besonders durch Abstraktion, Kategorisierung und Verallgemeinerung letztendlich auf „Reduktion von Komplexität" ausgerichtet ist. Eine gut fundierte Theorie ist im übrigen auch hier Voraussetzung für gute empirische Ergebnisse über Familie. Inwieweit es zur Ausbildung einer einheitlichen Theorie kommen kann, hängt allerdings mit davon ab, inwieweit trotz der Verschiedenheit der familienrelevanten Einzeldisziplinen deren Integration in einem einheitlichen Ansatz gelingt.

2. Beispiele für die Fruchtbarkeit interdisziplinären Denkens

Im Blick auf das Verhältnis von *Wirtschaftswissenschaft und Soziologie* wurde die traditionelle Arbeitsteilung schon vor einem halben Jahrhundert mit der Studie (Dissertation) über Diskriminierung von Gary S.

---

[33] Zur Verknüpfung von Grundlagen der jüngeren Systemtheorie mit der Anlage einer auf Rationalität bedachten Familienpolitik siehe vom Verf.: Zukunftsperspektiven der Familienpolitik, in: Zeitschr. F. Familienforschung, 1999, Heft 2, S. 88–107.

Becker in den USA in Frage gestellt, was seinerzeit auch erhebliche Widerstände unter Ökonomen hervorrief. Als derselbe Autor dann hauptsächlich in den 1970er Jahren über die Familie zu arbeiten begann und den ökonomischen Ansatz auf die Fertilität (und das Humankapital) anwendete, stieß er wiederum teils auf erhebliche Kritik. Die Ökonomen waren, wie G. Becker in einem Interview mit Richard Swedberg anmerkt, „entschieden gegen dieses Bevölkerungszeugs"[34]. Als er bei seinem ersten Referat über Bevölkerungsfragen ausführte, er behandle Kinder als „dauerhaftes Konsumgut", erntete er Gelächter sowohl von Ökonomen wie von Soziologen und Bevölkerungswissenschaftlern.[35] Mit den Arbeiten von G. S. Becker war ein sehr bedeutsamer, wenngleich bis heute nicht unumstrittener Paradigmenwechsel verbunden. Er wendet in seinen Arbeiten das ökonomische Instrumentarium zur Analyse menschlichen Verhaltens über den Bereich der Wirtschaft hinaus an, und zwar im Rückgriff auf die Forschungsperspektive der Theorie des rationalen Verhaltens (Rational-choice-Ansatz). I. Pies hebt dazu hervor, dass sich damit für G. S. Becker die Ökonomik nicht (mehr) von ihrem Gegenstandsbereich her definiert, sondern sich *methodisch,* eben als Theorie rationalen Verhaltens (als *dem* ökonomischen Ansatz) konstituiert. Damit wird zugleich ein ganz bestimmter Blickwinkel zugrunde gelegt, der „viele – durchaus interessante und wichtige – Fragen bewusst und kontrolliert ausblendet, um die – nunmehr spezifisch *ökonomische* – Forschungsperspektive um so schärfer auf die Bestimmungsgründe individuellen Verhaltens und – dies vor allem – auf die sozialen Folgen solchen Verhaltens fokussieren zu können".[36] I. Pies sieht darin auch für das Verständnis von *Interdisziplinarität* erhebliche Konsequenzen: Interdisziplinarität bedeute dann, sich angesichts konkreter Probleme über die Fruchtbarkeit unterschiedlicher Perspektiven auszutauschen. Im Grunde treffen in dieser Sicht im interdisziplinären Dialog, wenn man diesen Denkansatz verallgemeinert, nicht die herkömmlichen Disziplinen aufeinander, sondern unterschiedliche, für die jeweiligen Disziplinen als spezifisch angesehene Forschungsperspektiven, wobei G. S. Becker seinen ökonomischen Ansatz sehr fruchtbar und „offensiv" über den Gegenstandsbereich der Wirtschaft hinaus in die Analyse gerade auch soziologischer Fragestellungen

---

[34] Vgl. R. Swedberg, Interview mit Gary Becker, in: Gary S. Becker, Familie, Gesellschaft und Politik – die ökonomische Perspektive, hrsg. von I. Pies, Tübingen 1996, S. 233

[35] G. Becker, ebda., S. 233.

[36] I. Pies, Vorwort zu Gary S. Becker, Familie, Gesellschaft und Politik – die ökonomische Perspektive, hrsg. von I. Pies, Tübingen 1996, S. V.

einführte; dabei sah er sehr wohl auch die Grenzen dieses Erklärungsansatzes. Für den Gegenstandsbereich Familie bedeutet dies, dass eine interdisziplinäre Herangehensweise keine Beschränkung auf das methodologische Programm *dieser* „ökonomischen" Perspektive zulässt, sondern neben die durchaus erkenntnisfördernde Anwendung einer so verstandenen Familienökonomik auch die Anwendung anderer Forschungsperspektiven erfordert, was z. B. die inzwischen erwiesene allein unzureichende Erklärungskraft des Rational-choice-Ansatzes etwa für die Prozesse der Familiengründung zeigt.

Hinzu kommt, dass es auch *innerhalb* der Grunddisziplinen verschiedene forschungsleitende Theorieansätze gibt. Bei aller *relativen* Geschlossenheit solcher Theoriezugänge erfassen diese (auch) im Blick auf Familie doch immer nur unterschiedliche Segmente der Wirklichkeit von Familien. So findet sich auch innerhalb der Ökonomik wiederum ein Spektrum unterschiedlicher ökonomischer Ansätze, wie die Theorie der Familie von Gary S. Becker andeuten mag, die im Unterschied zum reinen Tauschprinzip durchaus auch vom Altruismus der großen Mehrheit der am Wohl ihrer Kinder interessierten Eltern ausgeht.[37] Solche unterschiedlichen Paradigmen bleiben für die Erklärung familiären Entscheidens und Handelns mit zu berücksichtigen. Besondere Beachtung im Blick auf die Bedeutung interdisziplinärer Betrachtung verdienen hier die Arbeiten von A. K. Sen, der mit neueren Ansätzen der Familienökonomik die Position von G. S. Becker weiterentwickelt und deutlich relativiert. Gerade im Anschluss an dessen Beiträge, die das Verhältnis zwischen dem einzelnen, der Familie und der Gesellschaft in ihrer wechselseitigen Abhängigkeit im Blick haben, gilt es für den Untersuchungsgegenstand Familie in seiner Beziehung zur Ökonomie festzuhalten, dass Fragen der Familie mit ihren spezifischen Eigenarten menschlichen Zusammenlebens sich vielfach eben nur im interdisziplinären Zugriff beantworten lassen. Nur mit einem solchen Ansatz, bei dem neben der Ökonomie auch andere Wissenschaften in die Analyse einbezogen werden, kann es gelingen, der Bedeutung der Familie als Bestandteil des Datenkranzes der Wirtschaft wie auch familialen Anpassungen etwa an gravierende Änderungen der Strukturen der Erwerbsarbeitswelt näher zu kommen. Die Wichtigkeit und Richtigkeit eines solchen fächerübergreifenden Ansatzes hat, wie Dorothea Schmidt dazu

---

[37] Dabei wird „altruistisch" in dem Sinne verstanden, dass der Nutzen der Eltern nicht nur von ihrem eigenen Konsum abhängt, sondern auch von der Zahl der Kinder und dem Nutzen jedes Kindes. Vgl. dazu G. S. Becker, Eine ökonomische Analyse der Familie (1985), in: ders., Familie, Gesellschaft und Politik – die ökonomische Perspektive, a. a. O., S. 106 u. 114, wie auch ebda. G. S. Becker u. K. M. Murphy, Die Familie und der Staat, S. 199 f.

anmerkt, „erst in jüngerer Zeit im ökonomischen Gedankengut einen Platz eingenommen und steckt noch in den Kinderschuhen".[38] Wir treffen bei A. K. Sen auf ein Wissenschaftsverständnis, das – wenn auch betont auf entwicklungspolitische Fragen ausgerichtet – einem interdisziplinären Denken verpflichtet ist, das menschliche und gesellschaftliche Entwicklung möglichst umfassend zu verstehen und zu erklären sucht[39] und damit auch für die Familienwissenschaft bedeutsam erscheint.

Ein weiteres Beispiel für die Sinnhaftigkeit der Zusammenführung unterschiedlicher wissenschaftlicher Ansätze bildet die Befassung mit der familialen Grundfunktion der *Sicherung der Generationenfolge*, also den (Paar-)Entscheidungen für oder gegen Kinder – eine gegenwärtig hochaktuelle gesellschaftspolitische Frage angesichts der bekannten demographischen Problemlage unseres Gemeinwesens. Diese generativen Entscheidungen über die Weitergabe das Lebens fallen im Spannungsfeld von ökonomischen Kosten-Nutzen-Überlegungen, aber auch vor dem Hintergrund des Verhältnisses zwischen Motiven für Kinderhaben und Barrieren, die diesen Motiven entgegenstehen. Hinzu treten die individuellen Wertorientierungen, u. U. mit verinnerlichten, vielleicht auch religiös geprägten Normvorstellungen über den Wert von Kindern; diese Vorstellungen können im Einzelfall weitgehend unbeeinflusst bleiben von im rationalen Diskurs auszumachenden Benachteiligungen, die unter den gegebenen wirtschaftlichen und gesellschaftlichen Bedingungen mit der Entscheidung für Kinder verbunden sein können (und sind).

Im Rahmen der Ursachenforschung zum Geburtenrückgang wurde schon vor Jahren auf das nur schwer über- und durchschaubare Feld der *Motivationen* mit individual- und sozialpsychologischen Fragestellungen verwiesen. Als hilfreich wurde seinerzeit der Rückgriff auf einen allgemei-

---

[38] D. Schmidt, Familienökonomik: Sinnvoller Beitrag oder modelltheoretische Spielerei? Auf der Suche nach Traditionen und neuen Ansätzen, in: N. Goldschmidt, G. Beestermöller u. G. Steger (Hrsg.), Die Zukunft der Familie und deren Gefährdungen, Schriften des Inst. f. Christliche Sozialwissenschaften der Univ. Münster, Bd. 44, Münster u. a. 2002, S. 374. Die Verf.in hebt in ihrer Darstellung hervor, A. K. Sens Ansätze seien nie rein ökonomischer Natur, sondern immer interdisziplinär und problemorientiert angelegt, wobei zugleich eine enge Beziehung vor allem zur Philosophie von besonderer Bedeutung sei (S. 384 f.). Im übrigen bleibt jenseits zeitbedingter Hauptströmungen auch an die Vielschichtigkeit in den familientheoretischen Ansätzen der Ökonomik selbst zu erinnern. Siehe dazu z. B. D. Schmidt, Die Familie als Untersuchungsgegenstand der Ökonomie. Ideengeschichte und Realität, Freiburg 2001.

[39] Vgl. dazu auch Ch. Wagner, Amartya Sen. Entwicklung als Freiheit. Demokratie gegen Hunger, in: Entwicklung und Zusammenarbeit, 4/2000, S. 116 ff.

neren psychologischen Ansatz zur Erklärung menschlichen Verhaltens angesehen, der von dem *Verhältnis von Motivierung zu "Barrieren"* (oder „Hemmnissen") ausgeht; zu einem bestimmten menschlichen Verhalten kommt es danach – vereinfacht gesprochen – immer dann, wenn die Motivierungen höher sind als die ihnen entgegenstehenden Barrieren. Im Blick auf das generative Verhalten käme es demgemäß darauf an zu fragen, in wieweit die Motivierung für Kinderhaben in verschiedener (welcher?) Hinsicht eine eher abnehmende Tendenz hat, während die Barrieren eine eher ansteigende Tendenz aufweisen.[40]

Ein monoparadigmatisch rein familienökonomischer oder rein familiensoziologischer/-psychologischer Erklärungsansatz kann diesem komplexen Entscheidungsprozess kaum gerecht werden, weil er die volle Lebenswirklichkeit nicht wirklich abdeckt – auch wenn er in noch so gescheit anmutende mathematische Formeln eingekleidet ist. So hat z. B. auch eine als Längsschnittuntersuchung angelegte Analyse von quantitativen und qualitativen Daten einer Kohorte junger Fachkräfte ergeben, dass – im Unterschied zur grundsätzlichen Frage Elternschaft vs. Kinderlosigkeit – die zeitliche Planung und Realisierung der Familiengründung zwar in erheblichem Maße auf rationalen Kosten-Nutzen-Erwägungen beruht, sich aber gleichzeitig mehr oder weniger starke Abweichungen vom Typus des zweckrationalen Handelns finden, nämlich Normorientierung und Ambivalenz. Gerade auf Grund der qualitativen Analysen wird deutlich, dass eine ausschließlich utilitaristische Erklärung des generativen Verhaltens unzureichend ist, so dass Normen und vorherrschende kulturelle Deutungsmuster als nicht zu vernachlässigende Handlungsantriebe und -restriktionen bei Familiengründungsprozessen angesehen werden müssen.[41]

---

[40] Vgl. schon die Dokumentation von der Jahrestagung 1979 der Dt. Gesellschaft für Bevölkerungswissenschaft „Ursachen des Geburtenrückgangs – Aussagen, Theorien und Forschungsansätze zum generativen Verhalten", eingeleitet von M. Wingen, mit Beiträgen von K. Schwarz u. a., Schr.Reihe des BMJFG, Bd. 63, Stuttgart 1979, S. 12 f.

[41] Vgl. dazu H. Schaeper u. Th. Kühn, Zur Rationalität familialer Entscheidungsprozesse am Beispiel des Zusammenhangs zwischen Berufsbiographie und Familiengründung, in: Zeitschr. für Soziologie und Sozialisation, 3. Beiheft 2000, S. 124–145. – Zur Leistungsfähigkeit von Erklärungsmodellen des generativen Verhaltens in der sozialwissenschaftlichen Forschung siehe auch das Konzept der „Values-of-Children-Studies", das B. Nauck u. A. Kohlmann als notwendige Reaktion auf soziologische und vor allem ökonomische Ansätze zur Erklärung von generativem Verhalten ansehen, weil letztere sich insbesondere zur Erklärung interkultureller Fruchtbarkeitsunterschiede als unzureichend erwiesen haben. Mit Hilfe des „values-of-children"-Konzepts versuchen die Autoren, Kausalbeziehun-

Erst eine *synthetische Zusammenführung* der Forschungsergebnisse hilft hier letztlich weiter.[42] Immer wieder wird – mehr oder weniger „gefangen" im Paradigma der eigenen Disziplin – vernachlässigt, dass bei den Entscheidungen – in diesem Falle für oder gegen Kinder – mehrere, qualitativ unterschiedliche Faktoren gleichzeitig wirksam sind. So dürfte sich erst in einer Zusammenführung z. B. zeigen, dass bei diesen Entscheidungen auch der Rückgriff auf das so wichtige persönliche Wertbewusstsein *allein* zum Verständnis des tatsächlichen generativen Verhaltens wiederum nicht ausreicht. Wenn die sozialökonomischen Rahmenbedingungen Entscheidungen für (mehrere) Kinder wirtschaftlich einfach als „unvernünftig" erscheinen lassen, weil die Eltern sich in unteren bis mittleren Einkommensschichten damit z. B. selbst tendenziell in relative Armut hinein manövrieren oder Frauen sich bei Entscheidung zu mehreren Kindern mit voller Konzentration auf die Betreuung und Erziehung in der Kleinkindphase allzu leicht in ihrer beruflichen Biographie „abkoppeln", kann es kaum überraschen, dass die Entscheidungen für Kinder insgesamt hinter einem Geburtenniveau, das von seinen wirtschaftlichen und gesellschaftlichen Auswirkungen her als unerwünscht anzusehen ist, zurückbleiben.

Angesichts der Ausweitung der Gestaltungsspielräume des einzelnen in Verbindung mit der zunehmenden „Rechenhaftigkeit" im Prozess der

---

gen zwischen den Merkmalen einer Gesellschaft einerseits und den in ihr beobachteten Geburtenraten andererseits herzustellen. Vgl. B. Nauck u. A. Kohlmann, Values of Children. Ein Forschungsprogramm zur Erklärung von generativem Verhalten und intergenerativen Beziehungen, in: F. W. Busch, B. Nauck u. R. Nave-Herz (Hrsg.), Aktuelle Forschungsfelder der Familienwissenschaft, Würzburg 1999, S. 53–73.

[42] Besondere Hervorhebung verdient hier die Arbeit von R. Herter-Eschweiler, Die langfristige Geburtenentwicklung in Deutschland – Der Versuch einer Integration bestehender Erklärungsansätze zum generativen Verhalten, Schr.R. des BIB Bd. 27, Opladen 1998. Sie bietet eine gründliche Aufarbeitung – auch über den Zeitablauf hinweg – der (sozio-)ökonomischen, soziologischen und (sozial-)psychologischen Erklärungsansätze zur Geburtenentwicklung in ihren verschiedenen Ausprägungen, auf deren Grundlage der Verf. ein Mehrebenenmodell vorstellt, das davon ausgeht, dass generative Entscheidungen in einer Abfolge von mehreren Entscheidungsprozessen modelliert werden müssen. Der besondere Wert der Untersuchung der Erklärungsansätze aus verschiedenen Teildisziplinen liegt darin, dass die Beiträge der unterschiedlichen Ansätze aufeinander bezogen werden; dadurch verstärken sich deren Erklärungsleistungen und unterstreichen die Fruchtbarkeit des Bemühens, unterschiedliche Erklärungsansätze theoretisch zu integrieren.

gesellschaftlichen Modernisierung[43] erscheint es für eine Familienpolitik zielführend, weil rational, die Familiengründung und -entwicklung *auch* unter besonderer Berücksichtigung der Bedeutung der sozialökonomischen Rahmenbedingungen für familienbezogene Entscheidungen zu fördern. Für den Grad der Bedeutung der wirtschaftlichen Familienförderung ist gerade die Rechenhaftigkeit im Prozess der gesellschaftlichen Modernisierung – in ihrem gleichwohl unterschiedlichen Gewicht bei den einzelnen Paaren – angemessen zu berücksichtigen, auf die schon J. A. Schumpeter vor einem halben Jahrhundert eindrücklich hingewiesen hat.[44]

Umgekehrt reicht der Rückgriff auf eine Opportunitätskostenbetrachtung, wie sie von der Familienökonomik herausgearbeitet worden ist, *allein* nicht aus. Wenn die wirtschaftliche Familienförderung noch so hoch ist, aber das Wertbewusstsein in Bezug auf Kinder in der eigenen Biographie fehlt, kann ebenfalls mit Entscheidungen für Kinder kaum gerechnet werden. Gleichwohl können in dem relativ komplexen Zusammenhang von Einflussfaktoren auf das generative Verhalten, der sich aus der Ausweitung der persönlichen Gestaltungsspielräume in „modernen" Gesellschaften bei gleichzeitig noch zunehmender Rechenhaftigkeit ergibt, die politisch gesetzten Rahmenbedingungen der Familiengründung mit auch wirtschaftlichen „Anreizen" sehr wichtig sein, ohne dass dieser Ansatz zum *ausschließlichen* Prinzip wirtschaftlicher Familienförderung werden darf, weil dies weder wissenschaftstheoretisch zu begründen noch sozialethisch zu verantworten wäre. Schließlich bleibt zu bedenken, dass

---

[43] W. Schönig, Rationale Sozialpolitik – Die Produktion von Sicherheit und Gerechtigkeit in modernen Gesellschaften und ihre Implikationen für die ökonomische Theorie der Sozialpolitik – Berlin 2001, S. 147.
[44] Vgl. J. A. Schumpeter, Kapitalismus, Sozialismus und Demokratie (dt. 3. Aufl., München 1975): Das Phänomen der starken Beschränkungen der Kinderzahlen in den Ehen bzw. der Kinderlosigkeit könne vollständig aus der „Rationalisierung des gesamten Lebens" hergeleitet werden, die „eine der Wirkungen der kapitalistischen Entwicklung" sei. „De fakto ist es nur eines der Ergebnisse des Übergreifens dieser Rationalisierung auf die private Lebenssphäre." Schumpeter, der grundsätzlich die großen Bereicherungen durch Elternschaft und Familienleben und die positiven Seiten der Elternerfahrung durchaus kannte, hielt andererseits seinerzeit fest: Das größte Aktivum, „der Beitrag, den die Elternschaft an die physische und moralische Gesundheit ... leistet, namentlich im Fall der Frauen, dieses Aktivum entgeht beinahe ausnahmslos dem rationalen Scheinwerfer moderner Individuen, die im privaten wie im öffentlichen Leben die Aufmerksamkeit auf ermittelbare Einzelheiten von unmittelbar utilitaristischer Bedeutung zu lenken und über die Vorstellung verborgener Notwendigkeiten der menschlichen Natur oder des sozialen Organismus zu lächeln tendieren."

die Ausweitung der persönlichen Gestaltungsspielräume i. S. von ausgeweiteten Angeboten von *Alternativen* zu Familie mit Kindern immer auch dazu führt, dass ein Teil der Menschen sich für solche Alternativen entscheiden wird. Darauf ist in der bevölkerungswissenschaftlichen Diskussion über die Veränderungen im generativen Verhalten schon vor Jahrzehnten besonders von H. L. Day und A. Taylor-Day hingewiesen worden, und zwar in dem von ihnen entwickelten sozialpsychologischen Erklärungsversuch zum veränderten generativen Verhalten, der von der These ausgeht, dass sich die Größe der Familie umgekehrt zur Wahrscheinlichkeit verhalte, Alternativen zu haben zur Befriedigung von Interessen, die man durch Kinder befriedigen kann.[45] Um so wichtiger erscheint es, aus der familienwissenschaftlichen Forschungslage heraus in der Praxis- und Politikorientierung die Tragweite der hier anstehenden Alternativen in ihren Vor- und Nachteilen für den einzelnen und für die Gesellschaft bewusst zu machen.

3. *Möglichkeiten und Grenzen einer interdisziplinären oder gar transdisziplinären Familienwissenschaft*

Den am Beispiel der Ursachenanalyse des (veränderten) generativen Verhaltens schon sichtbar gewordenen Problemen der Grenzüberschreitung von Einzeldisziplinen soll im Folgenden noch etwas näher nachgegangen werden. *Interdisziplinarität* in der Familienwissenschaft bedeutet, Familienprobleme durch die Brille unterschiedlicher wissenschaftlicher Ansätze mit Berücksichtigung ihrer jeweiligen Erkenntnisinhalte zu untersuchen, womit letztlich ein schärferer Blick auf die Problemdimensionen des Forschungsobjekts Familie gewonnen wird; auch für eine praxis- und familienpolitikorientierte familienwissenschaftliche Arbeit ergeben sich immer wieder disziplinübergreifende Fragestellungen, für deren Bearbeitung die Beiträge mehrerer Disziplinen zusammengeführt werden müssen. Allerdings ist es nicht leicht, „Interdisziplinarität" konsequent zu realisieren. „Interdisziplinäre Arbeit wird viel gefordert und viel gelobt, aber wenig praktiziert, weil es erhebliche Schwierigkeiten bereitet und viel Mühe erfordert."[46] Das interdisziplinäre Vorgehen bedingt Kommunika-

---

[45] H. L. Day u. A. Taylor-Day, Family Size in Industrialized Countries. An Inquiry into the Social-Cultural Determinants of Levels of Childbearing, in: Journal of Marriage and the Family, 1969, Nr. 2, S. 242 ff.; vgl. dazu: Dritter Familienbericht, BT-Drs. 8/3121, Bonn 1979, S. 115.
[46] G. Püttner, Verwaltungslehre (Ein Studienbuch), 3. Aufl., München 2000, S. 8.

tion zwischen den Vertretern der einzelnen Disziplinen, die ihre je eigene Sichtweise, aber eben auch ihren nur „partikulären Blick" einbringen und von denen keine die Familie in ihrer Ganzheit zu erfassen vermag. Das Erkenntnisinteresse der einzelnen familienrelevanten Disziplinen richtet sich je nach ihren disziplinspezifischen Methoden und Forschungsgegenständen jeweils auf bestimmte Aspekte von Familie und familialem Handeln. Obwohl die Realität von Familien einen gemeinsamen Bezugspunkt bildet, kann schon die definitorische Abgrenzung von Familien je nach Ausgangsdisziplin und deren spezifischen Erkenntnisinteressen verschieden sein. In der Addition, mehr noch: in der wechselseitigen Verknüpfung ergibt sich ein Gesamtbild von Familie und Familienproblemen, aus dem sich vertieftere und umfassendere Einsichten ergeben, als der einzelne Fachvertreter durch seine spezielle Brille hätte gewinnen können. Dies setzt allerdings die Bereitschaft voraus, in gewissem Grade „disziplinäre Scheuklappen" abzulegen; aber auch die Fächergrenzen sind durchlässiger zu machen, und erst recht sind methodische Engführungen zu vermeiden. So werden die Vertreter der einen Disziplin verstärkt mit den theoretischen Ansätzen einer benachbarten Disziplin vertraut sein müssen. Sie bleiben Vertreter ihrer „Herkunftsdisziplin" und wechseln nicht ihr Fach; aber sie erweitern ihre wissenschaftliche Kompetenz in einer Weise, dass sie zur effizienteren Zusammenarbeit mit Vertretern anderer Disziplinen sehr viel besser befähigt sind.

Dies wiederum macht eine Vermittlungs- oder Übersetzungsarbeit zwischen den einzelnen Disziplinen mit ihren je eigenen Wissenschaftssprachen und Modellen erforderlich, damit die notwendige Verständigung erreicht werden kann. Im Dialog zwischen den verschiedenen (Ursprungs-) Disziplinen müssen deren Vertreter sich in den je disziplinspezifischen Voraussetzungen zur Kenntnis nehmen und respektieren. Es muss die Bereitschaft einer Disziplin bestehen, die eigenen hergebrachten und gelegentlich unkritisch übernommenen Voraussetzungen im Dialog mit anderen Disziplinen befragen zu lassen, zu überdenken und gegebenenfalls auch zu korrigieren. In einem solchen Dialog ergeben sich nicht selten Perspektivenänderungen für die einzelnen Disziplinen.[47] Für einen

---

[47] Die Überschreitung von Disziplingrenzen findet einen besonders zugespitzten Ausdruck in dem hier nicht weiter zu verfolgenden Ansatz einer ausgesprochenen „Antidisziplinarität", für die etwa auf einer Konferenz der „Intern. Frauenuniversität Technik und Kultur" (ifu) plädiert wurde und bei es darum gehen soll, „die Disziplinen als Ausgangspunkt der Wissensproduktion zu verlassen, die Forschungsfragen aus heterogenen Anwendungssituationen heraus zu entwickeln und die Antworten aus den unterschiedlichen Perspektiven der Welt zusammenzutragen." Vgl. A. Neusel, Rethinking University – oder Nachdenken

solchen Dialog können im übrigen multidisziplinäre Textsammlungen nützlich sein, wie sie z. B. eine schon Anfang der 1990er Jahre als Auftragsarbeit des BMFJFG vorgelegte, in breiter Berücksichtigung unterschiedlicher Fachrichtungen besonders auf die Wertstruktur in Familie und Ehe ausgerichtete Textsammlung für Hochschulen und Erwachsenenbildung zeigen mag.[48]

Ein nachhaltiges Plädoyer für sehr viel mehr Interdisziplinarität an deutschen Universitäten findet sich in jüngerer Zeit in den Vorschlägen der „Dohnanyi-Kommission". Die Kommission, die die Hochschulen Hamburgs zum Vorreiter einer grundlegenden Reform machen möchte, glaubt für Deutschland überhaupt einen Mangel an Interdisziplinarität (und Flexibilität) ausmachen zu können. Die Studierenden sollen in interdisziplinär angelegten Einheiten („Modulen") studieren. In einer deutlichen Kritik an den Kommissionsvorschlägen bemerkt D. Frede, eine Kennerin der Universitätslandschaft in den USA, demgegenüber,[49] die hohen Erwartungen an die Interdisziplinarität in Forschung und Lehre markierten einen seltsamen deutschen Sonderweg, und hält fest, „dass die Götter vor die Interdisziplinarität die Disziplinarität gesetzt haben". Im Blick auf den vielzitierten Tellerrand heißt es vor allem im Blick auf Kurzstudiengänge sehr anschaulich: Um über den Tellerrand schauen zu können, brauche man zunächst einen Teller. Ein interdisziplinärer Enthusiasmus kann in der Tat leicht dazu (ver)führen, interdisziplinäre Zusamenarbeit zu favorisieren, ohne das eigene Herkunftsfach gründlich zu kennen.

Wenn der Ruf nach mehr Interdisziplinarität auch in der sozial- und familienwissenschaftlichen Forschung unüberhörbar ist, bleibt bei näherem Hinsehen indessen festzuhalten, dass damit inhaltlich durchaus unterschiedliche Tatbestände gemeint sein können. N. Luhmann[50] verweist im Blick auf interdisziplinäre Forschung auf zahlreiche entsprechende wissenschaftspolitische Appelle und organisatorische Anstrengungen, betont andererseits aber auch, dass interdisziplinäre Forschungen nicht den Anspruch darauf erheben, sich den Disziplinen überzuordnen und zu kon-

---

über die ifu 2000, in: Zeitschr. f. Frauenforschung & Geschlechterstudien, 2002, H. 3, S. 150–155.

[48] Vgl. R. Stein u. J. A. Stüttler (Hrsg.), Ehe und Familie in anthropologischer Sicht. Eine interdisziplinäre Textsammlung für Erwachsenen -bildung und Hochschulen, Köln 1991.

[49] Dorothea Frede, Was deutschen Universitäten an Reformunfug blüht: Hamburg als Exempel, in: FAZ v. 7. 4. 03.

[50] N. Luhmann, Die Wissenschaft der Gesellschaft, Frankfurt/M. 1990, S. 457 ff.

trollieren oder zu regulieren, was in den Disziplinen geschieht. Er fragt, ob es überhaupt sinnvoll sei, unter dem Stichwort „Interdisziplinarität" einen einheitlichen Tatbestand zu erwarten, und macht drei sehr unterschiedliche Reaktionen auf die Ausdifferenzierung der Disziplinen und ihre Abgrenzung gegeneinander aus: (1) Einmal könnten Disziplinen aus Kontakten mit anderen Disziplinen lernen, wobei solche Anstöße von der Einzeldisziplin her gesehen den Charakter des Zufalls hätten („okkasionelle Interdisziplinarität"). (2) Sodann trete Interdisziplinarität schon stärker verdichtet dort auf, wo es zu zeitlich begrenzten interdisziplinären Projekten kommt, an denen verschiedene Disziplinen kooperieren und interdisziplinäre Forschung problembezogen veranstaltet wird, ergänzend zu den Forschungen, die in den einzelnen Disziplinen geschehen („temporäre Interdisziplinarität"). (3) Einen dritten Weg sieht er bei Unternehmungen, die als „transdiziplinäre" bezeichnet werden: „Anders als normale Disziplinen werden solche transziplinären Fächer von vornherein von einem Paradigma aus gegründet."[51] Dies gebe ihnen ihre Eigenart und Unverwechselbarkeit, wobei aber offen bleibe, was mit einem solchen Fach geschieht, wenn es zu einem Paradigmenwechsel komme. Für Luhmann erscheint es nicht schwierig sich vorzustellen, dass in allen drei Hinsichten mehr als bisher erreicht werden könnte; zugleich werden mit dieser Typenbildung für ihn aber auch die Grenzen des Erreichbaren sichtbar.

Familienwissenschaft kann und will kaum mehr als nach Verfahren suchen, die geeignet erscheinen, vorgefundene Dimensionen von familialem Zusammenleben möglichst ganzheitlich zu analysieren und zu erklären und möglichst auch Gesetzmäßigkeiten im Zusammenhang von Familie und Gesellschaft herauszufinden. Sie leistet damit dann freilich einen Beitrag zur Erweiterung unseres „Verfügungswissens", ohne aber aus sich heraus normativ bestimmte Handlungsziele setzen zu können; wohl kann sie im Rahmen einer familienwissenschaftlich fundierten Familienpolitik-Lehre bei der Erörterung solcher Ziele durch das Aufzeigen von Ziel-Mittel-Alternativen (Handlungsalternativen) aufklärend wirken – ein Aspekt, der in weiteren Anmerkungen über die wissenschaftliche Familienpolitik-Lehre als integralen Bestandteil einer praxisorientierten Familienwissenschaft noch aufzugreifen sein wird.

Könnte und sollte auf diesem Hintergrund Familienwissenschaft sogar als „transdisziplinäres Fach" verstanden werden – zumindest auf dem Wege dorthin? Könnte sie damit eine kleine, im Blick auf die wissenschaftliche Durchdringung von Grundlagen menschlichen Zusammenlebens aber nicht unwichtige Ergänzung der Struktur des Wissenschafts-

---

[51] N. Luhmann, a. a. O., S. 459.

systems darstellen? Vielleicht wird man sogar sagen dürfen, dass die Disziplindifferenzierung erst in dem Maße als Struktur des Wissenschaftssystems Bestand hat, in dem sie solche transdisziplinäre Fächer gelten lässt oder besser gesagt: integriert. Auf dem Wege zu einem eigenen (transdisziplinären) Fach bildet der in der jüngeren allgemeinen Wissenschaftsentwicklung bereits im Gang befindliche Prozess eine wichtige Voraussetzung, in dem es zu einer weiteren interdisziplinären Öffnung familienrelevanter Fächer kommt, zu einer Öffnung der Erkenntnisinteressen familienbezogener Wissenschaften in einem interdisziplinär orientierten familienwissenschaftlichen Ansatz. Mit einer solchen Öffnung rücken die familienrelevanten Fächer aus den Kästchen des eingeschliffenen Wissenschaftsbetriebs näher an die praktisch erfahrbaren familialen Problemlagen heran. Allerdings wird eine interdisziplinäre Öffnung familienrelevanter Fächer allein nicht ausreichen. Unter *Transdisziplinarität* wäre demgegenüber weiterführend eine Wissenschaftsform zu verstehen, „bei der Fachgrenzen aufgehoben (werden) und die wissenschaftliche Kapazität für Rezeption und Problemlösung durch eine eigene Wissenschaftsprogrammatik erweitert wird".[52]

Auf diesem Hintergrund stellt sich für ein Fach Familienwissenschaft die Frage, inwieweit es über eine interdisziplinäre Orientierung hinaus auch eine transdisziplinäre Ausrichtung erfahren kann. Damit würde dann für die wissenschaftliche Befassung mit dem Erfahrungsgegenstand Familien (in ihren Binnenstrukturen und Außenbeziehungen zu größeren gesellschaftlichen Einheiten bis hin zur Gesamtgesellschaft) und dem darauf bezogenen politischen Handeln das gelten, was K. König im Hinblick auf eine transdisziplinäre Sicht der Verwaltungswissenschaft festhält, dass nämlich mit dem Konzept der Transdisziplinarität „ein wissenschaftstheoretisches und forschungspraktisches Programm verbunden (wird), dass dort, wo die Wissenschaft an problemlösender Kraft wegen der Spezialisierung eingebüßt hat, disziplinäre Engführungen zugunsten einer Erweiterung wissenschaftlicher Wahrnehmungsfähigkeit und Problemlösungskompetenzen wieder aufgehoben werden" (S. 290). Dahinter steht die Auffassung, dass jeder der traditionell getrennten („partikulären") Wissenschaftszweige allein nicht in der Lage ist, alle einschlägigen Fragen in diesem Falle des als Lebenseinheit zu sehenden Sozialgebildes Familie ausreichend zu analysieren, und nur durch Zusammenarbeit in einem

---

[52] K. König, Verwaltungswissenschaft in der internationalen Entwicklung, in: Verwaltungsarchiv – Zeitschrift für Verwaltungslehre, Verwaltungsrecht und Verwaltungspolitik, 2003, H. 2, S. 287f., im Anschluss an Jürgen Mittelstraß, Transdisziplinarität, in: ders. (Hrsg.), Enzyklopädie Philosophie und Wissenschaftstheorie, Bd. 4, 1996, S. 329.

integrativen Ansatz die Problemlagen ausreichend erfasst werden können. So wird es bei der weiteren familienwissenschaftlichen Arbeit (in Forschung und Lehre) darum gehen müssen, auf transdisziplinäre Erkenntnisse einer integrativen Familienwissenschaft bedacht zu sein, ohne dass damit das Fach Familienwissenschaft bereits als „Integrationswissenschaft" konstituiert wäre.

Auf weitere Sicht sollte es gelingen, die Familienwissenschaft als eigenständiges Fach in Richtung der dritten von N. Luhmann unterschiedenen Kategorie von Interdisziplinarität (i. S. der Transdisziplinarität) zu etablieren. Dazu bedarf es einer integrierenden familienwissenschaftlichen Reflexion, in der sich auch familienbezogene praktische Handlungsfelder (von der sozialen Familienarbeit über Familienpädagogik bis zur Familienpolitik) gut wiedererkennen können. Für die Familienwissenschaft könnte es demgemäß als (Fern-)Ziel anzusehen sein, dass ihr der Status der *Transdisziplinarität* zugestanden wird, d. h. derjenige einer Wissenschaftsform, die problembezogen über die einzeldisziplinäre Konstitution hinausgeht.[53]

Damit soll keinem Universalismus das Wort geredet werden, in dem alle Einzelwissenschaften zu Teilausschnitten einer umfassenden Sozialphilosophie reduziert würden. Ein solcher Anspruch sollte mit einer transdisziplinären Ausrichtung einer Familienwissenschaft auf keinen Fall verbunden werden. Wichtig erscheint, dass die fachliche Integration, die zur Lösung praktischer Probleme im interdisziplinären Zusammenwirken weithin notwendig ist, nicht der (noch fortschreitenden) Spezialisierung der Disziplinen entgegensteht und zu unerwünschter Entdifferenzierung beiträgt. Hier gilt es, auf ein sicherlich nicht immer leichtes Ausbalancieren bedacht zu sein.

Es wird schwierig sein, den für die familienwissenschaftliche Forschung angebrachten interdisziplinären Ansatz „in einer Person" zu finden. Es wird wohl (zumindest noch auf absehbare Zeit) so sein, dass

---

[53] Wie K. König ihn der (kontinentaleuropäischen) *Verwaltungswissenschaft* nach ihrem heutigen Stand zugesteht, mit Berufung auf den Begriff der *Transdisziplinarität* (bei J. Mittelstrass), der in der neueren Wissenschaftstheorie in erster Linie als Forschungsprinzip und erst in zweiter Linie als theoretisches Prinzip verstanden werde. K. König, in: ders. (Hrsg.), Verwaltung und Verwaltungsforschung, a. a. O., S. 87. Siehe auch die diesbezüglichen Ausführungen von K. König schon in seinem Beitrag „Integrative Tendenzen in der Verwaltungswissenschaft", in: Die Verwaltung, 1980, H. 1, S. 1–20. – Ein transdisziplinärer Ansatz stellt sich freilich als das ziemliche Gegenteil von einer Sichtweise dar, wonach Familienwissenschaft kein eigenes Fach, sondern lediglich ein Spezialgebiet *innerhalb einer Disziplin* darstellen kann, (für das es dann auch spezielle universitäre Lehrstühle geben kann).

Wissenschaftler grundständig von der Familiensoziologie, der Familienökonomie oder der Rechtswissenschaft her kommen, dann aber mit den Vertretern anderer familienrelevanter Disziplinen zusammenfinden müssen. Ein einzelner Wissenschaftler wäre wohl letztlich überfordert, alle Aspekte der verschiedensten Disziplinen in sich zu vereinigen, – galt es doch schon für den französischen Klassiker der Soziologie Emile Durkheim als ein Zeichen unreifer Wissenschaftsdisziplinen, wenn diese in Ein-Mann-Synthesen zusammengefasst werden könnten. Hier wird deutlich, dass schon die interdisziplinäre Öffnung, erst recht aber der Ansatz eines eigenen einheitlichen familienwissenschaftlichen, transdisziplinäre Züge tragenden Fachs nicht nur ein wissenschaftstheoretisches, sondern mindestens ebenso sehr ein praktisch-personelles Problem darstellt. Selbst in einer bestimmten Grunddisziplin fällt es dem einzelnen Fachvertreter angesichts fortschreitender Spezialisierung immer schwerer, in allen Bereichen seiner Disziplin voll kompetent zu sein. Um so schwieriger erscheint es für den einzelnen, auch noch in anderen (benachbarten) Disziplinen auf der Höhe des Forschungsstandes zu sein.[54] Daraus ergeben sich gewisse Konsequenzen für institutionelle Arrangements in Forschung und Lehre. In der konkreten Ausgestaltung einer interdisziplinären familienwissenschaftlichen Forschung wird stets die „kritische Masse" an Wissenschaftlern zu beachten sein, die – neben der Bereitschaft der beteiligten Wissenschaftler zu einer gegenüber gegenseitiger Kritik offenen Kommunikation – Voraussetzung für wirklich erfolgreiche interdisziplinäre Arbeit ist.

Die Zielperspektive könnte und sollte sein, dass sich – über eine Öffnung einer Disziplin für Nachbardisziplinen hinaus – ein *eigenständiges Fach Familienwissenschaft* herausbildet, das auf einer „Metaebene" der

---

[54] Im Zusammenhang mit Grundlagen und -positionen der Verwaltungswissenschaft bemerkt G. Püttner: „Einzelnen besonders veranlagten Forschern mag dies immer wieder gelingen, in der Regel wird aber das Streben nach Mehrdisziplinarität entweder scheitern oder mit einer wissenschaftlich bedenklichen Oberflächlichkeit in einzelnen oder gar allen Fächern bezahlt. Damit ist letztlich der Sache nicht gedient." G. Püttner, Verwaltungslehre (Ein Studienbuch), 3. Aufl. München 2000, S. 8. Die Erwartungen sollten sicherlich vor allem anfangs nicht zu hoch gesteckt werden. G. Püttner bemerkt sogar – aus verwaltungswissenschaftlicher Sicht – mit recht skeptischem Unterton, integrierte Forschungsarbeiten multidisziplinärer Art gelängen selbst gemischt besetzten Forschungsinstituten nur selten, „weil wissenschaftliches Denken, Erkennen und Entdecken stark an die Person des einzelnen gebunden und nicht in Gruppenarbeit verlagerbar ist". An entsprechenden Versuchen habe es nicht gefehlt, aber statt der erhofften Erfolge habe es auch oft Enttäuschungen und „resignierende Rückzüge in die Geborgenheit des eigenen Fachs" gegeben. Ebda., S. 9.

Einzeldisziplinen angesiedelt ist und sich in der Regel nur in der engen Kooperation mehrerer Personen verkörpern lässt. Dies läuft dann wohl darauf hinaus, Familienwissenschaft durch Forschungsgruppen mit einem Wissenschaftlertyp zu institutionalisieren, der – um ein Bild zu gebrauchen – mit beiden Beinen fest auf dem Boden seiner grundständigen Disziplin steht, aber seine Arme mit den Armen von Vertretern anderer familienrelevanter Disziplinen verschränkt zu einem den eigenen Fachansatz überspannenden *transdisziplinären* Netz, das den familienwissenschaftlichen Ansatz trägt. Diese Grundlage wäre in einem ersten Schritt *eine einzeldisziplinübergreifende, pragmatisch-selektive, aber integrative Kombination von Theorieansätzen und eine Berücksichtigung der unterschiedlichen Problemdimensionen, die unter Beachtung ihrer Bezüge zueinander entsprechend der Art konkret anstehenden Probleme ausgewählt werden. Das Fachspezifische der Familienwissenschaft wird gerade darin zu suchen sein, diese Integration problemangemessen zu erbringen.* Die als Fernziel bereits angesprochene „Basistheorie" zu entwickeln bildet dabei eine der vornehmlichen Aufgaben der Grundlegung der Familienwissenschaft, der sich gerade auch der neue Lehrstuhl in Erfurt wird stellen müssen.

Mit der Einrichtung der Professur ist der Beginn einer Institutionalisierung der familienwissenschaftlichen Arbeit im universitären Feld erfolgt. Im Interesse ihrer weiteren institutionellen Festigung ist zu wünschen, dass sich nicht nur ein entsprechender Forschungsschwerpunkt aufbauen lässt, sondern der familienwissenschaftliche Gegenstandskanon in Studien- und Prüfungsordnungen (anfänglich vielleicht zunächst als Wahlfach) berücksichtigt wird, und zwar vornehmlich in Aufbaustudiengängen. In ihrem Handbuch der Familienforschung von 1989 hat R. Nave-Herz seinerzeit einige Kriterien benannt, deren Fehlen es in Deutschland noch nicht erlaubten, von Familienwissenschaft als einer eigenen Fachdisziplin zu sprechen. Dazu zählte sie, dass die Spezialisierung im Hinblick auf den Gegenstandsbereich „Familie" nicht so weit fortgeschritten sei, dass eine thematische Abspaltung aus den „Ursprungswissenschaften" erfolgt sei, die Familienforscher vielmehr in erster Linie ihrer jeweiligen Fachdisziplin verbunden seien, es sodann keine entsprechenden Lehrstühle an Universitäten gebe, sondern nur vereinzelte Schwerpunktbildungen innerhalb einer Fachdisziplin (und im übrigen noch keine entsprechenden wissenschaftlichen Vereinigungen und nur fachspezifische, aber keine Lehrbücher zur Familienwissenschaft existierten). Seit dieser Lagebeurteilung ist die Entwicklung, wie zumindest das Erfurter Beispiel zeigt, erfreulicherweise weitergegangen.

Die Frage nach einem eigenständigen Fach kann auf der einen Seite als Ausdruck der hohen Spezialisierung und Partikularisierung in zahlreichen Einzel- und Unterdisziplinen gesehen werden. Auf der anderen Seite erscheint die Ansiedlung der Familienwissenschaft auf einer transdisziplinären Ebene als (begrüßenswerter) Ausdruck des Zusammenwachsens mehrerer familienwissenschaftlicher Forschungsbereiche. Dieses Forschungsfeld reicht im Grunde bis zu den Beiträgen der Sozialphilosophie und Sozialethik, die nicht nur nach Fakten fragen, die als solche noch keine normative Legitimierung liefern können. Zwischen den oben genannten Teildisziplinen gab und gibt es bisher schon wechselseitige Bezüge, an die angeknüpft werden kann. So sind in der Familienpsychologie zahlreiche Zusammenhänge Gegenstand der Forschung, die in der Familiensoziologie ebenfalls bearbeitet werden, wie etwa Fragen der Familienphasenentwicklung, Geschlechterrollen, Mehrgenerationenbeziehungen sowie der Beziehungen unter Geschwistern; ebenso gibt es Überschneidungen mit der Familienpädagogik, wenn es um Erziehungskompetenz oder die Bewältigung von Krisen in der Familie geht. Schließlich gilt es, die Tragweite der ökologischen Rahmenbedingungen für den Sozialisationsprozess des Kindes – und die Familienbeziehungen überhaupt – zu sehen. Für den familienbezogenen interdisziplinären Dialog verdient neben dem häufig im Vordergrund stehenden wechselseitigen Bezug von Wirtschaftswissenschaft und Soziologie/Sozialpsychologie (und noch Demographie) auch die Schnittstelle von Soziologie und *Recht* besondere Beachtung[55]. K. Lüscher[56] wies jüngst darauf hin, dass in den Sozialwissenschaften auch heute noch eher unterschätzt werde, wie sehr die

---

[55] Aus jüngerer Zeit sei hier einmal auf das Lehr- und Arbeitsbuch für Familiensoziologie und Arbeitsrecht „Die Familie" von Fr. K. Barabas u. M. Erler (Grundlagentexte für Soziale Berufe, Weinheim 2. Aufl. 2001) hingewiesen, das von einem Juristen und einem Soziologen gemeinsam verfasst ist und eine Orientierung über die Zusammenhänge zwischen Familie, Gesellschaft und Recht gibt. Die Verfasser möchten es ermöglichen, im Blick auf Familie an konkreten Beispielen „die Verwobenheit von sozialen Problemen und juristischen Regularien" nachzuvollziehen. – Sodann sind im Blick auf den Dialog der Disziplinen die Forschungsergebnisse des Projekts „Familie im Recht (Eine sozialökologische Zugangsweise)" von den Konstanzer Familienforschern H. Hoch und K. Lüscher (unter Mitarbeit von J. Eckert-Schirmer und F. Ziegler), Konstanzer Beiträge zur sozialwissenschaftlichen Forschung, hrsg. von R. Fisch u. K. Lüscher, Bd. 10, Konstanz 2002, besonders hervorzuheben. S. Willutzki hält in seinem Geleitwort zu diesen aus seiner juristischen Sicht sehr positiv eingeschätzten und „nachdenklich machenden" Ergebnissen fest, das Recht bedürfe „der Rückmeldung über seine Auswirkungen in der Gesellschaft durch die Soziologie, will es nicht Gefahr laufen, gesellschaftliche Strömungen nicht rechtzeitig zu erkennen und sich damit der Chance zu begeben, konstruktiv steuernd in sie einzugreifen" (S. 1).
[56] K. Lüscher, Familie pragmatisch definieren, in: Erwägen Wissen Ethik, 2003, H. 3, S. 540.

rechtlichen Rahmenbedingungen von Familien über Gesetzgebung und Rechtsprechung zur Familie wichtige Bestimmungsgründe der sozialen Wirklichkeit von Familie sind. „Es gibt keine Familie ohne Recht", laute ein (seit der Neuzeit geltendes) Fazit, das die Bedeutung des Dialogs zwischen Recht und Sozialwissenschaften unterstreicht, der im Blick auf Familie im interdiszipolinären Ansatz einer Familienwissenschaft freilich konstitutiv ist. Auch zwischen empirischer Soziologie und Geschichtswissenschaft wird die Bedeutung eines interdisziplinären Ansatzes betont.[57]

Interdisziplinarität zumindest als ein Modell zwischenwissenschaftlicher Kooperation, die in jüngerer Zeit angesichts vieler als immer komplexer erkannten Fragestellungen im gesellschaftlichen Bereich zunehmend an Bedeutung gewinnt, erweist sich gerade für das Sozialgebilde Familie als sehr wichtig, weil dieses in vielfältiger Weise im *Schnittpunkt von gesellschaftlichen Teilsystemen* (Erwerbsarbeitswelt, Bildungswesen, Rechtssystem, Religion, Wissenschaft u. a.) steht, die sich im Zuge der gesellschaftlichen Differenzierung nach ihren „Eigengesetzlichkeiten" entwickeln, die die Lebenseinheit Familie oft nur unzureichend berücksichtigen. Kennzeichnend für eine interdisziplinär angelegte und ähnlich wie die Familienpolitik querschnittshafte Familienforschung ist damit eine zwischenwissenschaftliche Zusammenarbeit, die sich auf die Präzisierung von Fragestellungen ebenso erstreckt wie auf gemeinsame Hypothesenbildung, bei der verschiedene Disziplinen von der Basis ihrer je eigenen wissenschaftlichen Voraussetzungen her beteiligt sind, sowie auf die Interpretation der gefundenen Ergebnisse, die aus der Sicht der verschiedenen beteiligten Disziplinen erfolgt. Dies kann in der Praxis im Zusammenwirken verschiedener Wissenschaftler dazu führen, dass sich für den einzelnen doch nur begrenzte Möglichkeiten der „Grenzüberschreitung" seines ursprünglich grundständigen Fachs ergeben. Und doch bleibt daran zu erinnern, dass die wirklich bedeutenden und richtungweisenden Vertreter einer Disziplin offensichtlich häufig die Grenzen ihrer Disziplin dadurch überschritten haben, dass sie Begriffe und Vorstellungen aus Nachbardisziplinen übernommen und in die eigene Arbeit integriert haben.

Gelingende Interdisziplinarität in der familienwissenschaftlichen Arbeit versteht sich allerdings keineswegs von selbst. Schon eine Öffnung der familienbezogenen Disziplinen gegeneinander – im Bereich der Naturwissenschaften hat sich eine Öffnung verschiedener Disziplinen gegeneinander immerhin als sehr fruchtbar erwiesen – ist angesichts der

---

[57] Vgl. dazu etwa die (i. J. 2000 für den Druck überarbeitete) Habilitationsschrift aus 1993 von M. Niehuss, Familie, Frau und Gesellschaft. Studien zur Strukturgeschichte der Familie in Westdeutschland 1945–1960, Göttingen 2000.

Komplexität der ausdifferenzierten Fachwissenschaften kein „Selbstläufer", sondern bedarf der Ermunterung und institutionellen Unterstützung. Das Zusammenbinden von familienbezogenen Beiträgen von Vertretern unterschiedlicher Disziplinen mag am Anfang interdisziplinärer Arbeit stehen, kann aber noch nicht als deren Inbegriff angesehen werden. Um so wichtiger sind vertiefte Ansätze, wie sie inzwischen verstärkt entwickelt werden.[58] In der wissenschaftlichen Befassung mit Familie ist ein doppelter Ansatz denkbar: Einmal Anstrengungen der einzelnen (familienbezogenen) Fachdisziplinen wie Soziologie, Ökonomie, Rechtswissenschaft, Pädagogik, Psychologie etc., die auch die Familien zum Gegenstand ihrer Erkenntnisinteressen machen, und zum anderen ein integrativer wissenschaftlicher Ansatz, der speziell Familie zum Gegenstand hat. Von „Familienwissenschaften" (im Plural) könnte dann schon dort gesprochen werden, wo bestehende Disziplinen ihre Fragestellungen und Methoden auf den Gegenstand Familie anwenden, (wie dies in der Familiensoziologie, -ökonomie, im Familienrecht, in der Familienpädagogik, in der -psychologie geschieht). Ein darüber hinaus führender Schritt ist dann die interdisziplinäre Öffnung dieser familienbezogenen Disziplinen gegeneinander, und wiederum ein weiterer Schritt wäre die Konstituierung der Familienwissenschaft als eines eigenen interdisziplinären bzw. sogar transdisziplinär angelegten Fachs.

Man mag die grundsätzliche Frage stellen, inwieweit die angesprochene Perspektive überhaupt ein realistisches, weil – wenn auch mit Schwierigkeiten – einlösbares Konzept darstellt. Im Blick auf Interdisziplinarität innerhalb eines Fachs wäre z. B. auf die Wissenschaftssoziologie zu verweisen, die sich mit den Wechselbeziehungen von Gesellschaft und Wissenschaft beschäftigt und für sich in Anspruch nimmt, interdisziplinär angelegt zu sein, indem sie unterschiedliche Wissenschaftsansätze (der Wissenschaftsgeschichte und -theorie, der Bildungsforschung und der Forschungspolitik sowie des jeweiligen Theoriestandes der einzelnen

---

[58] Als ein Angebot zu einem „interdisziplinären Verständigungsprozess in der Familienforschung" unter dem in einem Forschungsschwerpunkt „Familienforschung" an der Universität Bamberg gewählten Konzept der „Familienbilder" versteht sich der von G. Cyprian u. M. Heimbach-Steins hrsg. Band „Familienbilder. Interdisziplinäre Sondierungen", Opladen 2003. Die Mitherausgeberin M. Heimbach-Steins betont am Ende des Bandes: „ Das Gelingen von Interdisziplinarität – soll es mehr sein als ein kakophones Neben- und Durcheinander verschiedener, gleichzeitig zu vernehmender Stimmen und unaufgeklärter, scheinbar objektiver Metaphorisierungen von Familie – hängt gleichwohl von gewichtigen Voraussetzungen ab, und so bleibt nach Konzeptualisierungen von Interdisziplinarität zu fragen." (S. 250)

Disziplinen) aufnimmt. Oder handelt es sich letztlich doch eher um eine *Multi*disziplinarität, bei der ein Wissenschaftszweig „nur" sein Instrumentarium um Konzepte und Methoden aus anderen Wissenschaftszweigen erweitert, um zu verbesserten Erkenntnissen über sein Sachgebiet zu gelangen? Für die theoretische Grundlegung der interdisziplinär angelegten Familienwissenschaft verweisen solche Fragen – z. B. auch nach den bestehenden Möglichkeiten, aber eben auch Grenzen der Entwicklung einer interdisziplinären „Logik" – auf notwendige weitere Klärungen, deren Bedeutung hier nur angedeutet werden kann. Im Blick auf familienwissenschaftliche Forschung scheint immerhin ein Prozess in der Richtung denkbar, wünschenswert und förderungswürdig, dass auf der Suche nach ganzheitlicher Erfassung von Lebenszusammenhängen des sozialen Systems Familie sich aus verschiedenen familienbezogenen Disziplinen eine übergreifende eigenständige Familienwissenschaft herausbildet.

Wie schwierig indessen die Entwicklung interdisziplinärer Forschungsstrategien ist, zeigen nicht zuletzt die Erfahrungen aus der Arbeit des Wissenschaftlichen Beirats für Familienfragen beim Bundesfamilienministerium, der sich erst über eine Reihe von Jahren hin zu einem wirklich (begrenzt) interdisziplinär arbeitenden Gremium entwickelt hat, (was der Verf. ab 1960 persönlich über mehrere Jahrzehnte begleiten und fördern konnte). Und auch dort, wo sich interdisziplinäre Arbeitsweise mit Überwindung der anfänglichen „Sprachbarrieren" entwickelt hat (wie in diesem Beirat), zeigten sich in der praktischen Arbeit von der Anzahl der beteiligten Disziplinen her zugleich Grenzen in der Integration der Erkenntnisse unterschiedlicher Disziplinen. Gleichwohl sollte auf diesen Ansatz gerade dort nicht verzichtet werden, wo die Familie in ihrer schon angesprochenen „Totalität" mit ihren Binnenstrukturen, Außenbeziehungen und äußeren Lebensbedingungen Gegenstand politischen Handelns ist. Ein interdisziplinärer Ansatz bleibt für anwendungsbezogene politikrelevante Analysen von Familien und familialen Lebenssituationen deshalb so wichtig, weil immer wieder daran zu erinnern ist, dass die Lebenseinheit „Familie" von einzelnen Teildisziplinen nur begrenzt erfasst werden kann. Allein ein solcher Ansatz wird auch dem *Querschnittscharakter* einer familienbezogenen Gesellschaftspolitik gerecht. Um so wichtiger ist es, Möglichkeiten der wohl immer nur begrenzt leistbaren Interdisziplinarität in theoretischer und methodischer Hinsicht auszuloten und auf weitere Sicht auf diesen Grundlagen am Fundament eines Fachs Familienwissenschaft (in Forschung und Lehre) zu arbeiten. Sein Ausbau kann angesichts der grundlegenden Bedeutung der Familien für die Personwerdung des einzelnen wie auch für die Humanvermögensbildung in der Gesellschaft als Beitrag zur Sicherung der Zukunftsfähigkeit des Gemeinwesens gelten.

4. „Schlüsselbegriffe" und Methodenfragen

Wenn die familienbezogenen Aspekte der einzelnen familienrelevanten Disziplinen möglichst zu einer einheitlich zu begreifenden Familienwissenschaft integriert werden sollen, so stellt sich die Frage, ob und wie es gelingen kann, eine ausreichende innere Konsistenz der Familienwissenschaft zu gewinnen. Eine dafür erforderliche übergeordnete, die einzelnen Disziplinaspekte verklammernde gemeinsame Basis könnte in der Einzelhaftigkeit *und* Gemeinschaftsbezogenheit des Menschen, also in seiner *personalen* und damit auch *familialen* Existenz gesehen werden. Bestimmte zentrale Begriffe („Schlüsselbegriffe") können dabei als Ansatzpunkte für Theorieelemente dienen. Als solche lassen sich die zentralen Aufgaben und personprägenden und gesellschaftsordnenden Leistungen und Wirkungen von Familien gegenüber den einzelnen Familienmitgliedern wie auch gegenüber den größeren gesellschaftlichen Einheiten und der Gesamtgesellschaft benennen. Dazu gehören zugleich wichtige wechselseitige Vermittlungsleistungen zwischen dem einzelnen und der vielfältig gegliederten Gesellschaft. Damit verbindet sich die Sicht der Familie als eines hochbedeutsamen intermediären Sozialgebildes.[59] Mit dem Begriff der (familienpolitisch anzuerkennenden) familialen *Leistungen* verbindet sich der Aspekt der nachweislichen Leistungs*behinderungen*, (die Ansatzpunkte für familienpolitische Interventionsstrategien bezeichnen); schließlich gilt es die Leistungs*grenzen* zu sehen, die durch die Grundstrukturen von Familien gegeben sind und auf die Eingebundenheit der Familien in das gesellschaftliche Gesamtsystem verweisen. Die familienwissenschaftliche Forschung wird sich in diesem Kontext mit Positionen auseinandersetzen müssen, die auf eine „funktionalistische" Sicht von Familie hinauslaufen, aus der heraus den Familien eine reine „Dienst-

---

[59] Als solches war die Familie schon Mitte der 1960er Jahre Forschungsgegenstand des Fachausschusses für Familien- und Jugendsoziologie der Dt. Ges. für Soziologie, dessen Arbeiten über die Jahre hinweg durch eine interdisziplinäre Diskussion und Zusammenarbeit gekennzeichnet waren und in den Bänden der Reihe „Der Mensch als soziales und personales Wesen" ihren Niederschlag gefunden haben. In Fortsetzung der betont interdisziplinären Diskussion des Ausschusses erschien später der von Fr. Neidhardt herausgegebene Bd. 5 „Frühkindliche Sozialisation. Theorien und Analysen", Stuttgart 1975, u. a. mit dem Beitrag von Fr. Neidhardt über Systemtheoretische Analysen zur Sozialisationsfähigkeit der Familie, S. 162–187, in dem u. a. die *Ambivalenzen* angesprochen werden, die Kinder in Familien erfahren dürften, in denen die im Ehesystem nicht lösbaren Rollenkonflikte der Eltern zu Lasten der Kinder gehen (S. 185).

leistungsfunktion" gegenüber der Gesellschaft zugesprochen wird,[60] Familie also ausschließlich von der Gesellschaft her gesehen und in der Folge „instrumentalisiert" wird. Einer solchen Sichtweise wird vor allem auf dem Hintergrund eines personalen Menschen- und Gesellschaftsverständnisses schon dort begegnet, wo die Leistungen der Familien, die diese in ihrer – relativen – Eigenständigkeit und Autonomie mit ihrem auch institutionellen Charakter gegenüber dem einzelnen (Familienmitglied) erbringen, eine gegenüber gesellschaftsbezogenen Leistungen gleichgewichtige Beachtung finden.

Wenn trotz unterschiedlicher Traditionen, Selbstverständnisse, Erkenntnisinteressen und vor allem Methodiken der Einzeldisziplinen auf eine integrativ angelegte Familienwissenschaft als eigenständiges Fach hingearbeitet wird, liegt ein weiteres, von vornherein aufmerksam zu bedenkendes Problem darin, dass mit dem Streben nach einer „Vorherrschaft" einer Disziplin gerechnet werden muss. Dem wäre im Interesse einer erfolgreichen problembezogenen und praxisrelevanten familienwissenschaftlichen Arbeit entschieden entgegenzutreten, ohne damit in eine methodische Verwässerung mit der Folge des Verlustes an wissenschaftlicher Exaktheit zu geraten. Für die Erfurter Professur, die mit einem gewissen programmatischen Anspruch bewusst auf Familienwissenschaft (im Singular und nicht im Plural von Familienwissenschaften) abhebt, wird es eine der wissenschaftlichen Herausforderungen darstellen, die mit diesem Problem verbundenen Aufgaben in Forschung und Lehre zu bewältigen – und dies praxis- und familienpolitikbezogen. Je weiter der Kreis der einbezogenen Disziplinen ist, desto anspruchsvoller gestaltet sich die Integrationsaufgabe in einer solchen „Integrationswissenschaft". Eine solche sieht G. Langrod z. B. in der Verwaltungswissenschaft als einer synthetischen Sozialdisziplin, einer „discipline carrefour" („Kreuzungsdisziplin"), die aus der Zusammenfassung einer Reihe anderer Wissenschaften entstehe und sich in systematischer Weise die Resultate der traditionell getrennten Wissenschaftszweige zunutze mache.[61] Ähnliches gilt für einen einheitlichen familienwissenschaftlichen Ansatz, bei dem einzelnen familienbezogenen Disziplinen mit ihren familienrelevanten Ergebnissen ihre volle Bedeutung behalten.

---

[60] Zur Kritik an einer solchen Sichtweise Vgl. M. Wingen, Familienpolitik – Theoretische Grundlagen und praktische Probleme im Überblick, in: ders., Zur Theorie und Praxis der Familienpolitik, Frankfurt a. M. 1994, S. 9f.

[61] Vgl. dazu K. König, Integrative Tendenzen in der Verwaltungswissenschaft, in: Die Verwaltung, H. 1/1980, S. 13. Dies ist keine leichte und erst recht keine selbstverständliche Aufgabe; K. König selbst spricht in diesem Zusammenhang von dem „schwierigen Geschäft wissenschaftlicher Integration".

Neben der oben bereits angesprochenen eigenen „Basistheorie", zu der dann auch die Ausprägung einer theorieangemessenen Begrifflichkeit gehört, ist die *Methodenfrage* weiter zu bedenken. Hier liegt angesichts der interdisziplinären Ausrichtung ein *begrenzter Methodenpluralismus* nahe, soweit er mit dem Verständnis eines eigenen Fachs noch vereinbar ist. Dabei wird die durch Scharfsinn geprägte analytische Methode, für die vielfach wiederum die Basis geeigneter – auch massenstatistischer – Daten unentbehrlich ist, mit der durch Verstehen geprägten hermeneutischen Methode überzeugend zu verbinden sein. Für die Etablierung eines eigenen Fachs Familienwissenschaft kann es nicht genügen, die Arbeiten und Ergebnisse anderer Wissenschaften zu „beobachten"; auf dem Wege zu einem eigenen Fach muss wohl mehr geleistet werden. Dazu gehört dann auf der methodischen Seite, bestimmte Erscheinungen familialen Zusammenlebens (z. B. Familiengründungsverhalten, familiale Leistungen (und Leistungsdefizite!) durch Verknüpfung unterschiedlicher Methoden aus mehreren Disziplinen zu untersuchen, und zwar nicht nur im mehr oder minder beziehungslosen Nebeneinanderstehen dieser unterschiedlichen Methoden, sondern nach Möglichkeit in der Verschränkung verschiedener Methoden; d. h. es gilt, die eine Methode für die Anwendung der anderen Methode fruchtbar zu machen. Zwar gibt es auch in einer bestimmten Disziplin unterschiedliche methodische Vorgehensweisen; indessen geht es darum, eine Methode, die für eine bestimmte familienbezogene Disziplin (etwa der Familienökonomik) charakteristisch ist, mit einer für eine andere Disziplin (etwa der Familienpsychologie) charakteristischen Methode so zu verbinden, dass der Aussagegehalt eines Befundes sichtlich erhöht wird. Es wird in einer Familienwissenschaft keinen Methodenmonismus geben können; gefragt ist eine Methode der problemorientierten Methodenkombination. Ebenso wie etwa die Verwaltungswissenschaft schließt auch eine Familienwissenschaft eine gewisse Methodenvielfalt ein.[62]

In den USA wird im Blick auf eine „family science", die sich in einem Prozess der Gewinnung von Anerkennung befindet, Kritik an einem familienwissenschaftlichen Diskurs geübt, der durch Einbettung in einen

---

[62] Allein schon der betont familiensoziologische Ansatz im Forschungsbereich „Gesellschaft und Familie" in Konstanz zur Analyse der sozialen Bedeutung von Familie in gegenwärtigen Gesellschaften stellt sich methodisch als eine Verknüpfung von quantitativen und qualitativen Methoden dar. Vgl. K. Lüscher, Soziologische Annäherungen an die Familie, in: Zeitschrift für Bevölkerungswissenschaft, H. 2/2001, S. 174. Siehe dazu auch K. Lüscher, Die Bedeutungsvielfalt von Familie. Zehn Jahre Forschungsschwerpunkt „Gesellschaft und Familie", Arbeitspapier Nr. 30, Konstanz 1999.

gegenständlich-realen („*objectivistic*") erkenntnistheoretischen Rahmen oft zum Verlust von Anerkennung der vorgelegten wissenschaftlichen Beiträge führt und es versäumt, die Ergebnisse in einen ausdrücklich argumentativen und theoretischen Kontext hineinzunehmen. Im Bemühen um bestmögliches Wissen über Familie behindere das Festhalten an einer solchen Herangehensweise die Fähigkeit, wissenschaftliche Aussagen von hoher Qualität zu erarbeiten. Sie trage – so die Argumentation etwa von St. J. Knapp[63] – zur Marginalisierung von Theorie bei sowie dazu, unzureichend untersuchte empirische Aussagen über Familien hinzunehmen. Statt dessen wird für einen ausdrücklichen dialogischen familienwissenschaftlichen Diskurs und ein „set" von Verfahrensweisen plädiert, die in einem *konstruktivistischen* erkenntnistheoretischen Rahmen gründen, der auf volle Anerkennung und Verbesserung der wissenschaftlichen Ergebnisse in einem offenen, argumentativen Prozess abzielt und damit die Bedeutung von Theorie stärkt und die Gewinnung von mehr empirisch zu rechtfertigenden, wissenschaftlichen Aussagen über Familien fördert.[64] Allerdings stößt das Ringen der family science auch auf eine Reihe von „institutionellen Barrieren", die teils in einem weithin noch vorherrschenden naturwissenschaftlichen Wissenschaftsverständnis, teils im Zusammenhang damit in den Gegebenheiten der Ausbildung sowie den Regeln und Gepflogenheiten der von diesem Denken her bestimmten Publikationsweisen gesehen werden.[65]

Mit der Betonung eines konstruktivistischen Ansatzes (mit dem offensichtlich zugleich für unterschiedliche methodische Vorgehensweisen eingetreten wird), der zu wissenschaftlichen Konstrukten von Wirklichkeit führt, wird auf der einen Seite eine verfeinerte und schärfere Erfassung des Forschungsgegenstandes – in diesem Falle der Familie – erreicht; auf der anderen Seite rückt das erreichte Wissen aber auch ein Stück weiter weg von der Realität, was für die Anwendung der erzielten wissenschaft-

---

[63] St. J. Knapp, Authorizing Family Science: An Analysis of the Objectifying Practices of Family Science Discourse, in: Journal of Marriage and Family, 2002, S. 1038–1049.

[64] „When we more fully authorize family science discourse, when our objectifying practices include a thorough theoretical engagement with alternative frameworks, theories, conceptualizations, and so forth, then our knowledge claims will be advanced in ways that will allow us to more thoroughly evaluate their credibility and usefulness, and family science can more aptly develop a truly scientific knowledge about families." St. J. Knapp, a. a. O., S. 1047.

[65] Vgl. dazu M. E. Edwards, Institutional Barriers to Taking Good Advice: A Comment on „Authorizing Family Science", in: Journal of Marriage and Family, 2002, S. 1048–1051.

lichen Erkenntnisse im praktischen familienbezogenen Handeln nicht übersehen werden darf. Deshalb dürfte es für zugleich praxisorientierte familienwissenschaftliche Forschung darauf ankommen, auch den konstruktivistischen erkenntnistheoretischen Rahmen nicht zu verabsolutieren, sondern für die Praxisberatung mit einem gegenständlich-realen Rahmen so zu verknüpfen, dass die Lebenswirklichkeit von Familien möglichst nahe eingefangen wird.

Wie alle Wissenschaft ist auch Familienwissenschaft ein *prozesshaftes* Suchen nach Erkenntnis, in diesem Falle über das soziale System Familie und seine Beziehungen zu anderen Sozialgebilden sowie zu den verschiedenen Kulturbereichen, ein Suchen, das nach nachvollziehbaren Methoden erfolgt (wozu die allgemeinen wissenschaftlichen Methoden wie auch spezielle Methoden des fachwissenschaftlichen Aspekts gehören) und sich rationaler Ansätze bedient. Was „Wissen über die Familie" (in ihren unterschiedlichen Erscheinungsformen) zur „*Familienwissenschaft*" macht, ist wie bei Wissenschaft überhaupt – neben den Feststellungen von Daten und ihrer Einordnung in gesetzmäßige Zusammenhänge sowie den Begründungszusammenhängen von Sätzen und deren Ableitung aus Grundsätzen – in erster Linie der Deutungszusammenhang von Vorannahmen über die Bedingung der Möglichkeit von Wissenschaft, der sich historisch in verschiedenen Wissenstypen entfaltet.[66] Für die Familienwissenschaft gilt dabei – wie für alle Wissenschaft – die verfassungsrechtliche Freiheitsgarantie (BVerfE 47,327), die sich auf alles erstreckt, was sich nach Inhalt und Form als ernsthafter, planmäßiger Versuch zur Ermittlung dessen darstellt, was mit Familie und ihren Lebenszusammenhängen *tatsächlich ist und in gesellschaftsordnungspolitischer Sicht sein sollte*.

Die Zielsetzungen einer Familienwissenschaft haben bestimmenden Einfluss nicht nur auf die zu untersuchenden Fragestellungen, sondern auch auf die dabei anzuwendenden Methoden. Die Herausarbeitung und nähere Konkretisierung einer solchen eigenständigen Zielsetzung kann als eine wichtige Voraussetzung für eine eigenständige Familienwissenschaft angesehen werden, die sich damit nicht auf einen nur ökonomischen oder nur soziologischen oder auch nur pädagogischen oder politikwissenschaftlichen Ansatz zurückführen lässt. Für den familienwissenschaftlichen Ansatz ist dabei die Aufgabe charakteristisch, die angesprochenen Segmentierungen der Betrachtungsweisen dadurch zu überwinden, dass die verschiedenen Blickwinkel zu einer möglichst ganzheitlichen Sicht der Familie zusammengeführt werden, die letztlich als Lebenseinheit zu sehen ist.

---

[66] Vgl. M. Riedel, Art. Wissenschaft, in: Staatslexikon, 7. Aufl.,Bd. 5, Freiburg/Basel/Wien 1989, Sp. 1090.

5. Zur praktischen Bedeutung eines eigenen Fachs Familienwissenschaft

Den Familien als gesellschaftlichen Grundeinheiten mit ihrem für den einzelnen und die größeren gesellschaftlichen Gebilde hoch bedeutsamen Aufgaben- und Leistungsspektrum wird es nicht gerecht, sie (nur) in verschiedenen Disziplinen „mitzubehandeln"; sie sind darüber hinaus als soziale Grundeinheiten von einem möglichst ganzheitlichen wissenschaftlichen Ansatz her zu sehen und zu untersuchen, um dem Forschungsgegenstand wirklich gerecht werdende Ergebnisse zu erarbeiten, die auch der praktischen Politik hilfreich sein können – von der als Querschnittspolitik zu verstehenden und damit auch ganzheitlich zu sehenden Familienpolitik auf den verschiedenen politischen Entscheidungsebenen über die Familienbildungsarbeit bis hin zur familienbezogenen Jugend- und Sozialarbeit. Gerade bei der recht komplexen Familienthematik geht es häufig um Probleme, die eben nur im Rückgriff auf eine intensive Zusammenarbeit und innere Verschränkung mehrerer Disziplinen befriedigend zu lösen sind und denen eine bloß additive Zusammenfügung von Beiträgen unterschiedlicher Disziplinen zum gleichen Thema nicht wirklich gerecht wird.

Die Zusammenführung verschiedener familienrelevanter Disziplinen in einem familienwissenschaftlichen Ansatz – und darin liegt sicherlich eine Schwierigkeit nicht nur auf der gedanklichen, sondern auch auf der wissenschaftsorganisatorischen Ebene der überkommenen Universitätsstrukturen – läuft, darin der Verwaltungswissenschaft oder auch der Kommunalwissenschaft nicht ganz unähnlich, quer durch das herkömmliche Wissenschaftssystem und eröffnet den Blick in einen die betreffenden Disziplinen überspannenden „Überbau", dessen Einfügung in die herkömmlichen universitären Strukturen zunächst zumindest als ungewohnt, ja fremdartig bis hin zu „wissenschaftlich bedenklich" erscheinen könnte. Eine integrativ angelegte Familienwissenschaft findet indessen ihre Existenzberechtigung gerade auch in den Bedürfnissen der Praxis an Ergebnissen ganzheitlicher Sichtweisen auf die Familie und ihre Beziehungen zu ihrer Umwelt.

Für eine betont praxisorientierte Forschung sind die „Übersetzungs"-Probleme und die Probleme der Umsetzung der Ergebnisse besonders zu sehen und mit Rücksicht auf die Effizienz der Beratung zu beachten, wobei die familienwissenschaftliche Forschung Entscheidungshilfen und vielleicht auch Handlungsalternativen anbieten, aber die politischen Entscheidungen nicht ersetzen kann. Für deren Wirkung im Prozess der politischen Entscheidungsfindung ist neben der Qualität der Ergebnisse die Art und Weise wichtig, wie diese Ergebnisse angeboten und im Grunde auch schon, wie sie nachgefragt werden; denn bereits von der Zielgenauigkeit der Formulierung der Fragestellung hängt die Verwendbarkeit der Ergebnisse wesentlich mit ab. Beim Einsatz von wissenschaftlichen Beratungsgremien erscheint es nach aller Erfahrung sehr nützlich, wenn dabei Vertreter des politischen Handlungsfeldes unmittelbar in wechselseitiger Diskussion einbezogen werden. Eine der wirkungsvollsten Vermittlungen von familienwissenschaftlichen Forschungsergebnissen an die Praxis bildet sicherlich auch eine solide *Ausbildung an den Universitäten*, bei der Wissenschaft und Praxis entsprechend verbunden sind, ergänzt freilich durch berufsbegleitende Fortbildung.

Die Ergebnisse der angewandten Familienforschung sollten nicht nur in die Lehre, sondern über die familienwissenschaftliche Politikberatung hinaus auch für freie gesellschaftliche Träger als Orientierungshilfen zur Verfügung stehen. Adressaten sind damit gerade auch Nachwuchskräfte im Tätigkeitsfeld von Familienbildungs- und -beratungsarbeit und im Feld kommunaler Familienpolitik sowie nicht zuletzt in der Wirtschaft (Unternehmen mit einer familienbewussten Personalpolitik) und in Sozialverbänden. Diese Arbeitsfelder dürften künftig vermehrt Bedarf an familienwissenschaftlich vorgebildeten Mitarbeitern haben, für die eine stärker interdisziplinär orientierte Ausbildung angesichts der Praxisbedürfnisse besondere Bedeutung gewinnt. Fraglich mag es erscheinen, ob hier die Entwicklung hin zu einem eigenen Ausbildungsgang angestrebt werden sollte. Erwerb und Verbreitung familienwissenschaftlichen Wissens erscheinen für zahlreiche andere fachgebundene Ausbildungsgänge ausgesprochen hilfreich; was sich deshalb eher anbieten könnte, wäre ein (betont interdisziplinär orientiertes oder gar transdisziplinär angelegtes) *Nebenfach,* das auf der Ausbildungsebene u. U. ein Postgraduierten-Fach darstellt für diejenigen, die eine andere Fachausbildung schon abgeschlossen haben, also eine Art praxisrelevanter qualifizierender Abschluss als Ergänzung eines vorausgegangenen Erststudiums, der zu einer „Doppelqualifikation" mit besonderen Startvorsprüngen beim Berufseintritt führt. Innovativen Fachrichtungen fiele hier die Aufgabe zu, sich nicht zu ausschließlich an dem beobachtbaren Status quo der praktischen Arbeitsfelder zu orientieren; sie werden auch Fortentwicklungen zu *antizipieren* haben, die in der Praxis noch nicht oder erst unzureichend wahrgenommen werden.

6. Aufgabenfelder einer interdisziplinär angelegten familienwissenschaftlichen Forschung

Familienwissenschaft muss ihren Forschungsgegenstand ausreichend präzise bestimmen; anderenfalls würde sie ihre anzustrebende eigene Institutionalisierung als Fach von vorneherein erschweren. Der familienwissenschaftliche Ansatz richtet sich mit seinem erkenntnisleitenden Interesse auf das soziale Gebilde Familie in seinen verschiedenen äußeren Erscheinungsformen von rechtlich möglichst verbindlichen Verantwortungsgemeinschaften von Eltern mit ihren Kindern, also mit dem konstitutiven Element der Zugehörigkeit ihrer Mitglieder zu wenigstens *zwei* Generationen (weshalb eine Paarverbindung noch keine Familie darstellt), die in der Regel in einem gemeinsamen Haushalt zusammenleben und vom Anspruch her solidarisch füreinander einstehen (Wohn- und Wirtschaftsgemeinschaft), sowie auf eine vertiefte Reflexion der Funktionen bzw. Leistungen der Familien. Ein spezifisch familienwissenschaftlicher Ansatz hat dagegen *nicht alle kleingruppenhaften Lebensformen* zum Gegenstand, sondern nur die Familien in ihren unterschiedlichen Erscheinungsweisen (insbes. der verheirateten Elternpaare mit Kindern, der Alleinerziehenden und der nichtehelichen Familien). Insofern wird hier *nicht* einer in jüngerer Zeit auch vertretenen Abgrenzung gefolgt, nach der „Familie" im Grunde als Synonym für alle kleingruppenhaften Lebensformen stünde – erst recht, wenn davon ausgegangen würde, die Familienwissenschaft habe es mit (allen) „privaten" Lebensformen zu tun.[67] Abgesehen von der bekannten notwendigen Abgrenzung von Familie und (Privat-)Haushalt beginnen die Probleme dort, wo als „familienartig" jede exklusive Solidargemeinschaft zwischen zwei oder mehr Personen, die auf relative Dauer ausgerichtet ist, angesehen würde. *Familiale* Lebensformen stellen zwar nur eine „Teilmenge" von Lebensformen überhaupt dar; der familienwissenschaftliche Ansatz sollte indessen angesichts der Besonderheiten der

---

[67] Hier erscheint schon die Bezeichnung „privat" nicht ganz unproblematisch: Familienbildung und Übernahme von Elternverantwortung sind zwar hoch persönliche Entscheidungen, aber Kinderhaben ist keine reine „Privatangelegenheit", sondern in ihren objektiven Konsequenzen gesellschaftlich hochgradig relevant. An Stelle von Familie (mit dem konstitutiven Element des Vorhandenseins von zwei Generationen, die in einer Verantwortungsgemeinschaft solidarisch füreinander einstehen – ob nun Eltern für ihre Kinder oder Kinder für ihre alten Eltern – und regelmäßig auch in einem Familienhaushalt zusammenleben) von einer „privaten Lebensform" unter anderen zu sprechen, in denen Menschen leben können, erscheint nicht eigentlich geeignet, sozialwissenschaftliche Analysen zu erleichtern. Demgegenüber hält – aus familiensoziologischer Sicht – N. F. Schneider (Zur Lage und Zukunft der Familie in Deutschland, in: Gesellschaft – Wirtschaft – Politik (GWP), H. 2/2002, S. 511 ff.) den Begriff *Familie* für sozialwissenschaftliche Analysen nur für „sehr eingeschränkt brauchbar" und geht von der „dominierenden" Diktion aus: Menschen leben in „privaten Lebensformen", Familie sei auch dort gegeben, wo keine Kinder sind (S. 512).

Familie gegenüber anderen sozialen (Klein-)Gruppen[68] auf die familialen Lebensformen beschränkt sein. Das schließt nicht aus, sondern legt es für die familienwissenschaftliche Forschung sogar nahe, Beziehungen zwischen Familien und nicht-familialen Lebens- und Beziehungsformen mit in den Blick zu nehmen. Sie darf andererseits nicht auf ein historisch überkommenes Familienverständnis focussiert sein. Die im historischen Ablauf sich wandelnden Realitäten der Familienkonstellationen lassen unübersehbar eine Ausdifferenzierung von familialen Lebensformen erkennen, auf die die Familienforschung realitätsangemessen wird reagieren müssen – ohne auf „Familie" zur Bezeichnung des Gegenstandsbereichs zu verzichten, aber auch ohne die – für die Aufhellung familalen Zusammenlebens wichtigen – Beziehungen zwischen Familien und nichtfamilialen Lebensformen (z. B. zeitlebens kinderlosen Paaren) auszuklammern.

Im Blick auf Familie stehen in familienwissenschaftlicher Sicht *zwei Dimensionen* im Vordergrund:

(1) Einmal interessieren die familialen Binnenstrukturen; dabei befassen sich Familiensoziologie und -psychologie (und Entwicklungspsychologie) mit den sozialen Prozessen und Beziehungen in der Familie, die Familienökonomik mit den wirtschaftlichen Gegebenheiten und Verhaltensweisen – was sich auch als Gegenstand der zeitlich schon früher begründeten Haushaltswissenschaft, insoweit diese sich auf die Familienhaushalte als Teil der Privathaushalte richtet, darstellt –, aber auch mit den im Kontext von Familien ablaufenden volkswirtschaftlich bedeutsamen Investitionsprozessen (s. dazu auch die Arbeiten der Sachverständigenkommission für den Fünften Familienbericht zur „Zukunft des Humanvermögens", dem oben unter I. bereits angesprochene familienwissenschaftliche Arbeiten im Feld der „Neuen Familienökonomik" vorausgingen) sowie die Familiendemographie mit den demographischen Strukturen der Familien und ihren Veränderungen. Soweit es um die spezifisch *rechtlich normierten Familienbeziehungen* geht, ist dies ein Gegenstand des Familienrechts (und des familienbezogenen öffentlichen Rechts und Verfassungsrechts). Hinzu tritt in jüngerer Zeit die Geschlechterforschung; im Feld der Analyse von Familien- und Eheleben, insbesondere der familialen Binnenstrukturen, verdienen demgemäß Aspekte der Frauenforschung eine problemangemessene Beachtung. Eine männlich ge-

---

[68] Vgl. z. B. B. Schäfers, Die soziale Gruppe, hier: Familie als Gruppe, in: H. Korte u. B. Schäfers (Hrsg.), Einführung in Hauptbegriffe der Soziologie, 3. Aufl., Opladen 1995, S. 87 ff.

prägte Dominanz in Ehe und Familie wurde immer wieder in entsprechenden Untersuchungen sichtbar und gab Veranlassung, die Frage nach der Gleichberechtigung der Geschlechter mit auf die Tagesordnung der Familienforschung zu rücken. Die Vorstellungen von „Väterlichkeit" und „Mütterlichkeit" haben sich als mit zum Teil problematischen Vorannahmen besetzt erwiesen und bedürfen der Überprüfung auch im Lichte der jüngeren Frauenforschung mit den darin zum Ausdruck kommenden kritischen Vorbehalten gegenüber überkommenen, oft zu wenig in ihrer historischen Bedingtheit gesehenen Familienbildern. Für die USA hielt B. N. Adams vor einigen Jahren noch sehr pointiert fest, dass in diesem Bereich der Familienforschung noch viel zu tun bleibe, um den ideologischen Ballast abzuwerfen und sich an Fakten zu orientieren (to remove the ideological baggage and „get the facts").[69]

(2) Zum anderen richtet sich der familienwissenschaftliche Ansatz auf die Beziehungen zwischen Familien und anderen gesellschaftlichen Teilsystemen wie Schule, Erwerbsarbeitswelt, Kirche u. a., wobei wiederum die bereits genannten Disziplinen und Teildisziplinen beteiligt sind, aber auch z. B. die anthropologische Forschungsrichtung der Familienanthropologie. Familien selbst können (in ihrer Einbindung in Nachbarschaft und „soziale Netzwerke") zu den nicht-professionellen Sozialsystemen gerechnet werden, die übrigens – besonders im Konzept einer „Bürgergesellschaft" relevant – über oft nicht genügend ausgeschöpfte Selbsthilfepotentiale verfügen. Für die familienwissenschaftliche Forschung wird es darauf ankommen, diesem differenzierten Verhältnis von Familie und anderen gesellschaftlichen Teilsystemen bzw. der Gesamtgesellschaft in seinen Veränderungen immer wieder auf der Spur zu bleiben. Familienwissenschaftliche Forschung hat hier die Probleme zu untersuchen, die sich im Zuge der besonders von der neueren Systemtheorie herausgearbeiteten „Ausdifferenzierung" der Gesellschaft in einzelne Teilbereiche mit ihren Eigengesetzlichkeiten („Eigenlogiken") ergeben; und von ihr dürfen Orientierungshinweise für „Gegensteuerung" erwartet werden.

Besondere Beachtung verdienen hier die Probleme, die sich für das Familienleben aus den eher noch wachsenden Anforderungen der *Erwerbsarbeitswelt* hinsichtlich Verfügbarkeit und „Flexibilität" des einzelnen am Arbeitsplatz ergeben. Mit der Übernahme von Elternverantwortung sind

---

[69] Vgl. B. N. Adams, Fifty Years of Family Research: What Does It Mean?, in: Journal of Marriage and the Family, 1988, S. 14.

in aller Regel langfristige Verpflichtungen verbunden, was mit Erwartungen kontrastieren kann, die aus der Erwerbsarbeitswelt an den einzelnen vermehrt herangetragen werden und in seine Familie ungebührlich durchschlagen. Familienwissenschaftliche Forschung hat hier – u. U. auch familienpolitisch abzusichernde – Grenzen für den „flexiblen Menschen" (R. Sennet) aufzuzeigen, die sich in einer humanen Gesellschaft stellen, damit das Familienleben nicht unter ein einseitiges Diktat von Marktinteressen gerät. Dabei geht es freilich nicht nur um die bessere Berücksichtigung von Lebensbelangen der Familien in anderen gesellschaftlichen Teilbereichen, insbesondere der Wirtschaft, sondern auch um Anpassungen von Familien an bereichsspezifische Erfordernisse etwa in der Wirtschaft. Es geht um *wechselseitige Rücksichtnahmen*, die dann auch Familien (begrenzt) in die Pflicht nehmen. Bei den hier ins Blickfeld rückenden Wechselbeziehungen zwischen Familie und Gesellschaft bedarf es im übrigen der notwendigen Öffnung der Familie zur Gesellschaft hin ebenso wie der besonderen Beachtung der im Lichte der jüngeren Systemtheorie besonders zu bedenkenden Probleme der öffentlichen Rücksichtnahme auf die eigenständige, aber eben auch gesellschaftsoffene Familie.[70]

Zu den Aufgaben der Familienwissenschaft gehört es, die Forschungsergebnisse aus beiden Dimensionen systematisch zu ordnen und unter leitenden Ordnungsgesichtspunkten in das wissenschaftliche Gesamtsystem einzubauen. Familienwissenschaft kann im Hinblick auf die Aufgabenfelder einer systematischen familienwissenschaftlichen Forschung in erster Annäherung damit verstanden werden als die wissenschaftliche

---

[70] Siehe dazu auch M. Wingen, Familienpolitik – Grundlagen und aktuelle Probleme, UTB Nr. 1970, Stuttgart 1997, S. 151 ff. – Zu den daraus sich ergebenden Konsequenzen für die weiter unten noch näher angesprochene Anlage einer rationalen Familienpolitik sei schon hier festgehalten, was z. B. auch Ph. Herder-Dorneich anmerkt, dass nämlich Familienpolitik, die sich allein auf die Familie, also ohne Bezug zum familialen Umfeld, richtete, unzureichend bliebe; er betont die Notwendigkeit einer „ordnungspolitisch orientierten Familienpolitik" (vgl. Ph. Herder-Dorneich, Die Entscheidung für Kinder als ordnungspolitisches Problem im Rahmen einer Mehrgenerationensolidarität, Schr.Reihe des BMJFFG Bd. 217, Stuttgart 1990, S. 248): „Soweit die Familie mit sekundären sozialen Systemen konkurriert und Chancengleichheit für die Familie hergestellt werden muss, lässt sich dies nicht durch Einzeleingriffe erreichen, sondern bedarf einer grundlegenden Ordnungspolitik. Die grundlegenden Rationalitäten der einzelnen Systeme müssen aufeinander abgestimmt werden. ... „Familienpolitische Komponenten" anzuhängen ist nicht ausreichend, familienpolitisches Ziel muss die Schaffung von schlüssigen Rahmenordnungen sein."

Lehre von den Binnenstrukturen und gesellschaftlichen Außenbeziehungen des relativ komplexen Sozialgebildes Familie, was die unterschiedlichen familialen Lebensformen ebenso einschließt wie deren Veränderungen im sozialhistorischen Prozess. Ihr vorgelagert ist die einfache, wenngleich durchaus kritisch-distanzierte Beschreibung von Daten und Fakten zu Familien und familialem Zusammenleben, was als „Familienkunde" gefasst werden könnte und zum Verständnis der aufzuklärenden Probleme notwendig ist. Da sich die verschiedenen Seiten von Familien in ihren Binnenstrukturen und Außenbeziehungen zugleich teilweise als Ergebnis politisch-gestalterischen Einwirkens – oder eben auch Unterlassens(!) – und damit einer tunlichst expliziten (oder mehr impliziten) familienbezogenen Gesellschaftspolitik darstellen, kommt das Gesamtsystem der Familienpolitik als Gesellschaftsordnungspolitik mit den von ihr gesetzten Rahmenbedingungen für Familien und deren Entwicklung ins Spiel. Sie hat letztlich in ihrem „Sinnziel" bzw. „Endzweck" eine optimale Funktionstüchtigkeit der Familien zu sichern, was sich dann in einer Reihe von Grundzielen mit den ihnen zugeordneten Unterzielen und diesen wiederum zuzuordnenden Instrumenten ausfächern lässt. Aus der gesellschaftstheoretischen Sichtweise hat A. Habisch jüngst den wichtigen Gedanken beigetragen, dass die Frage nach der Sicherung der optimalen Funktionstüchtigkeit der Familien in Richtung sowohl der Ausstattung von Familien mit den notwendigen finanziellen und nichtfinanziellen Ressourcen („empowerment") als auch der Angebote von Anreizen, diese Ressourcen auch im erwünschten Sinne zu verwenden („incentives"), zu untersuchen sei.[71] Die Familienwissenschaft wird sich nicht auf die Präferenz für nur ein einzelnes Paradigma beschränken lassen dürfen – weder etwa auf ein rechtswissenschaftliches noch bei aller Bedeutung der neueren Familienökonomik auf ein rein ökonomisches –; sie wird sich vielmehr von der Zielsetzung leiten lassen müssen, familiales Zusammenleben im Blick auf eine möglichst optimale Leistungsentfaltung in der gesamten Breite der oben angesprochenen Grundleistungen der Familien in den unterschiedlichen sozialökonomischen und soziokulturellen Voraussetzungen besser zu verstehen.

Auf diesem Hintergrund gehört auch die gedankliche Durchdringung der *Grundlagen einer auf Rationalität bedachten Familienpolitik*, die diesem komplexen Forschungsprogramm Rechnung trägt, zum Spektrum

---

[71] Vgl. A. Habisch, Zukunftsfähigkeit und Gesellschaftspolitik. Familienorientierte Institutionengestaltung als Herausforderung des 21. Jahrhunderts, in: W. Ockenfels (Hrsg.), Familien zwischen Risiken und Chancen, Paderborn u. a. 2001, S. 45.

der Familienwissenschaft. Deren inhaltliches Verständnis kann und sollte so weit gefasst werden, dass dazu nicht nur eine tragfähige allgemeine Familientheorie und die theoretischen Analysen zur Familie mit dem Ausschöpfen der Erklärungspotentiale der unterschiedlichen familientheoretischen Ansätze gehören, sondern auch die wissenschaftliche Durchdringung des familienpolitischen Handlungsfeldes i. S. der *Lehre von der Familienpolitik* (wissenschaftliche Familienpolitik-Lehre im Unterschied zur tatsächlichen Familienpolitik) mit in ihr durchschlagenden bereichsübergreifenden, wertbesetzten Leitbildern (= gesellschaftlichen Ordnungsvorstellungen) und bereichsspezifischen Ziel-Mittel-Systemen sowie in der Ausformung mit ihren Aspekten von policy, politics und polity.[72] Als ein Orientierungsraster für eine möglichst treffsichere Familienpolitik, das sicherlich noch der Verfeinerung bedarf, hat sich inzwischen die Un-

---

[72] Zum Ausbau des theoretischen Fundaments einer systematischen Familienpolitik bieten beispielsweise die folgenden Arbeiten Grundlagen und Bausteine: aus betont *soziologischer* Sicht F. X. Kaufmann, Zukunft der Familie im vereinten Deutschland. Gesellschaftliche und politische Bedingungen, München 1995, und J. Commaille, Òrdre familial, ordre social, ordre legal: Elements d'une sociologie politique de la famille, in: L'annee sociologique, 1987, S. 165–290; aus betont *wirtschaftswissenschaftlicher* Sicht H. Lampert, Priorität für die Familie. Plädoyer für eine rationale Familienpolitik, Soziale Orientierung Bd. 10, Berlin 1996, und J. Althammer, Ökonomische Theorie der Familienpolitik (Theoretische und empirische Befunde zu ausgewählten Problemen staatlicher Familienpolitik), Heidelberg 2000; aus betont *politikwissenschaftlicher* Sicht U. Münch, Familienpolitik in der Bundesrepublik Deutschland. Maßnahmen, Defizite, Organisation familienpolitischer Staatstätigkeit, Freiburg/Br. 1990, und I. Gerlach, Familie und staatliches Handeln. Ideologie und politische Praxis in Deutschland, Opladen 1996; aus *rechtwissenschaftlicher* Sicht für wichtige Teilbereiche der sozialökonomischen Familienförderung der Beitrag von E. Eichenhofer, Gutachten B (Sozialrechtliches Teilgutachten) zum 64. Deutschen Juristentag (Berlin 2002), München 2002; aus *international vergleichender* Perspektive F. X. Kaufmann, Politics and Policies towards the Family in Europe: A Framework and an Inquiry into their Differences and Convergences, in: F. X. Kaufmann/A.Kuijsten/H.-J.Schulze/ K. P. Strohmeier (Hrsg.), Family Life and Family Policies in Europe (Vol. 2: Problems and Issues in Comparative Perspective), Oxford Univ. Press 2002, S. 419–490. – Siehe ferner H.-J. Schulze (Hrsg.), Stability & Complexity. Perspectives for a Child-Oriented Family Policy, Amsterdam 2000, sowie vom Verf. Zur Theorie und Praxis der Familienpolitik, Frankfurt a. M. 1994, und Familienpolitik – Grundlagen und aktuelle Probleme (UTB Nr. 1970), Stuttgart 1997. – Speziell zum inneren Zusammenhang der Familienpolitik und einer Politik für Kinder s. das Gutachten des Wiss. Beirats für Familienfragen beim BMFSFJ „Kinder und ihre Kindheit in Deutschland. Eine Politik für Kinder im Kontext von Familienpolitik, Schr.Reihe des BMFSFJ Bd. 154, Stuttgart u. a. 1998 (3. Aufl. 1999).

terscheidung von „familienphasenspezifischer" Familienpolitikgestaltung und „adressatenspezifischer" (i. S. von problemgruppenspezifischer) Ausgestaltung weitgehend durchgesetzt. Mit einer in der familienwissenschaftlichen Arbeit zu entwickelnden *Theorie der Familienpolitik* werden zwangsläufig auch normative Elemente in die Betrachtung einbezogen werden müssen, die damit ebenfalls zum Gegenstand familienwissenschaftlichen Nachdenkens werden. Normative Komponenten des Familienverständnisses lassen sich hier – im Unterschied zum rein analytischen Feststellen und Erklären dessen, was ist – nicht einfach ausklammern. Durch die Erweiterung des familienbezogenen Verfügungswissens wird zunächst Wissen über das vermittelt, was in Bezug auf die Sicherung familialer Lebensvollzüge getan werden kann. Daraus folgt noch nicht, was eine familienbezogene Politik anstreben soll; Aussagen über das, was Politik tun soll, beschränken sich auf Aussagen über das, was sie tun sollte, *wenn* sie bestimmte Ziele, die letztlich außerwissenschaftlich begründet sind, möglichst wirksam und möglichst frei von negativen Nebenwirkungen erreichen möchte. So bleibt immer wieder die Frage zu beantworten, woher das familienbezogene *„Orientierungswissen"* kommt. Die familienwissenschaftlichen Erkenntnisse i. e. S. bleiben letztlich im Raum einer mehr oder weniger distanzierten Zurkenntnisnahme, die im Blick auf das konkrete Handeln eine politische Führungsverantwortung nicht ersetzen kann.

Die grundsätzliche Entscheidung für familiale Lebensformen (wie immer diese im sozialhistorischen Prozess aussehen mögen) – auch als Auswahlobjekt der Forschung – stellt letztlich bereits eine auch wertbesetzte Entscheidung dar. Staatlicher Schutz und gesellschaftliche Förderung von Familien setzen bestimmte Vorverständigungen darüber voraus, ob bestimmte – und gegebenenfalls welche – Formen familialen Zusammenlebens in gesellschaftspolitisch-normativer Sicht vor allem im Blick auf die gesellschaftlichen Erwartungen an Familien als eher oder als weniger erwünscht anzusehen sind. Dabei bedarf eine auch normative Aspekte einschließende Theorie der Familienpolitik stets der Untermauerung durch im rationalen Diskurs gewonnene Sachargumente. Normativ mitbestimmte politische Entscheidungen sind damit nicht nur als bewusste Wertentscheidungen offen zu legen, sondern rational zu begründen. Sie muss auch Bestand haben vor der *grundrechtlichen* Entscheidung einer freiheitlichen Ausgestaltung der familialen Lebensverhältnisse. Schließlich geht es um empirische Nachweise der *Wirkungen* unterschiedlicher familialer Lebensmuster und der Auswirkungen familienpolitischer Rahmengestaltungen familialer Entwicklungen. Im interdisziplinären Ansatz kommt deshalb gerade auch *politikwissenschaftlichen* Grundlagen eine besondere Bedeutung zu für eine familienwissenschaftlich begründete

Theorie der Familienpolitik, die in eine übergeordnete soziale Ordnungspolitik mit Werturteilen über ihre Prinzipien integriert ist. Die Grundlagen einer solchen Familienpolitik werden um so tragfähiger und überzeugender sein, je besser eine – von interessenkämpferischen und (partei)machtpolitischen Verzerrungen freie – gedankliche Aufhellung ihres Gegenstandes gelingt.[73]

Es ist die Absicherung dieser personprägenden und gesellschaftsordnenden Leistungen und Wirkungen von Familien, in denen die Familienpolitik eine zentrale Legitimationsgrundlage findet; sie hat den Familien von den äußeren Voraussetzungen her eine bestmögliche Aufgabenerfüllung zu ermöglichen. Damit bilden die Begründung von Familienpolitik und die Analyse ihrer programmatischen und tatsächlichen Ausgestaltung sowie ihrer Auswirkungen einen wichtigen Gegenstand familienpolitikbezogener Forschung. Ihre praktische Bedeutung besteht insoweit gerade in der Festigung der theoretischen Grundlagen des tatsächlichen familienbezogenen Handelns von Verantwortungsträgern auf den verschiedenen Entscheidungsebenen von Familienpolitik (im staatlichen, aber auch nichtstaatlichen, z. B. unternehmerischen Bereich), Familienerziehung und Familienarbeit im sozialen Feld.

Hier wären *neben der Weiterentwicklung von Wirkungsanalysen zu familienpolitischen Maßnahmen* im Blick auf aktuelle familienpolitische Probleme eine Reihe von *Desiderata* zu benennen, die für die familienwissenschaftliche Forschung anstehen, von denen einige beispielhaft hervorgehoben seien:
- die weitere Klärung der bisher keineswegs ausreichend untersuchten problemangemessenen Gewichtung von individuellen Transferleistungen und demgegenüber kollektiven Sach- und Dienstleistungen für Familien in einem auf Rationalität bedachten familienpolitischen Gesamtkonzept;
- die Ausformulierung eines praktikablen, betont auf die Eigenverantwortung abgestützten Modells der intertemporalen Einkommensumschichtung von Lebenseinkommen beim einzelnen für die Weiterentwicklung einer familiengemäßen Einkommensgestaltung;
- die konkreten familienpolitischen Konsequenzen, die sich für das Profil einer ganzheitlichen Familienpolitik ergeben, die als eine auch be-

---

[73] Zur allgemeinen, weit über das engere Feld einer Familienpolitik-Lehre hinausgreifenden Thematik der „sozialethischen Leitbegriffe" siehe vertiefend aus jüngerer Zeit W. W. Engelhardt, Politisches Handeln nach utopischen Entwürfen und Ideologien, am Beispiel der Genossenschaften und der Sozialpolitik idealtypisch erörtert, in: F. Helmedag u. N. Reuter (Hrsg.), Der Wohlstand der Personen, Marburg 1999, S. 153 ff.

völkerungsbewusste Familienpolitik zu verstehen und anzulegen ist und damit die generative Funktion der Sicherung der Generationenfolge nicht so ausblenden darf, wie dies bis in die jüngste Vergangenheit hinein der Fall war;[74]
- die vertiefte Analyse der wechselseitigen Abhängigkeit des Erfolgs eines bestimmten familienpolitischen Ansatzes von der gleichzeitigen erfolgreichen Verwirklichung benachbarter Teilziele;
- die Abklärung des Standorts einer Familienpolitik als gesellschaftlicher Querschnittspolitik in einer Kompetenzordnung der EU.

Auch eine familienwissenschaftlich untermauerte familienorientierte gesellschaftliche Ordnungspolitik (bis hin zu den von ihr zu gewährleistenden Bildungshilfen und Beratungsdiensten) muss in unserer demokratischen Ordnung mehrheitsfähig sein. Dieses Erfordernis bedarf einer Ergänzung, die auch für eine praxis- und politikorientierte familienwissenschaftliche Forschung wichtig erscheint: Können Mehrheiten allein die Grenze ausmachen, an der die elementare Gefährdung einer zukunftsfähigen familienorientierten Gesellschaftsordnung beginnt? Gibt es nicht auch im Feld familienbezogener gesellschaftlicher Ordnungspolitik – wie in gewisser Parallele für die Wirtschaftsordnung wiederholt eindringlich formuliert worden ist – den Punkt, an dem die Qualität schlechter Tagespolitik, in unserem Falle von Familienpolitik, in eine die Gesamtordnung schwächende Qualität umschlägt? Orientierungshinweise müssen hier gerade aus einer unabhängigen, soliden familienwissenschaftlichen Forschung kommen, – freilich auch unter Einbezug sozialethischer Einsichten aus politischen Grundorientierungen, die jenseits tagespolitischer Interessenlagen die *langfristigen* Belange des Gemeinwesens nach dem Prinzip der Nachhaltigkeit, das inzwischen zu einem eigenen Sozialprinzip avanciert ist, im Auge behalten. Damit hier die familienwissenschaftliche Arbeit im Anspruch der Praxisrelevanz entsprechendes Gehör findet, erscheint es wichtig, dass die Verbindung zur *Wissenschaftspublizistik* gefunden und systematisch gepflegt wird, was in der allgemeinen Wirtschaftspolitik zur geläufigen Vorstellung gehört. Dies erscheint unerlässlich, wo in der Öffentlichkeit das Verständnis für die Bedeutung einer familienorientierten Gesellschaftsordnungspolitik überhaupt geweckt

---

[74] Zu diesem Aspekt, dessen langjährige Tabuisierung erst gegenwärtig überwunden zu werden scheint, siehe z. B. vom Verf.: Bevölkerungsbewusste Familienpolitik – eine hochdringliche Langfristaufgabe. Ein Essay mit einem Plädoyer für die rationale Diskussion um die Geburtenförderung, in: Sozialwissenschaftlicher Informationsdienst, Bevölkerungsforschung, hersg. vom Informationszentrum Sozialwissenschaften der Arbeitsgemeinschaft Sozialwissenschaftlicher Institute Bonn, H. 2003/2, S. 7–16.

werden soll. Eine familienwissenschaftlich wohl begründete Familienpolitikberatung vollzieht sich nicht zuletzt – in einer politischen Ordnung, der Züge einer „Mediendemokratie" zugesprochen werden, in besonderer Weise – über die öffentliche Meinungsbildung. Familienpolitikberatung ist im Grunde erst dann effizient, wenn wissenschaftliche Einsichten auch in tatsächliche Politik umgesetzt werden, und zwar in Politik, die auch von Mehrheiten akzeptiert wird. Dazu kann wiederum seriöse Publizistik als Teil eines öffentlichen Dialogs in der „Bürgergesellschaft" wesentlich den Boden vorbereiten. Ein familienwissenschaftlich vorbedachtes Konzept braucht für seine Umsetzung nach den vorliegenden Erfahrungen jedenfalls i. a. einen „publizistischen Feuerschutz" in einer Medienlandschaft, die stark von familienunfreundlichen und familienfremden Grundtendenzen mit geprägt wird.

7. Zum Aufgabenspektrum der neuen Professur in der Universität Erfurt

Für die Weiterentwicklung der familienwissenschaftlichen Forschung richten sich verständlicherweise große Erwartungen auf den an der Universität Erfurt einzurichtenden, betont interdisziplinär ausgerichteten *(Stiftungs-)Lehrstuhl für Familienwissenschaft* der Gemeinnützigen Hertie-Stiftung und sein universitäres Umfeld.[75] Eine kleine und noch im Aufbau befindliche Universität wie in Erfurt bringt im Grunde gute Voraussetzungen mit für eine einzelfachübergreifende Zusammenarbeit. Auf mittlere Sicht sollte hier allerdings ein arbeitsfähiges interdisziplinäres Zentrum für Familienwissenschaft zum Lehrstuhl hinzutreten. Möglichst von Beginn an sollte darauf hingewirkt werden, dass ständig wenigstens zwei Gastprofessor(inn)en Forschung und Lehre ergänzen. Ein noch im einzelnen auszuformendes eigenes Fach sollte nicht zuletzt auch in eine Studienordnung dahin eingebaut werden, dass nach dem Grundstudium in der Staatswissenschaftlichen Fakultät Familienwissenschaft als ein Schwerpunkt gewählt werden kann. Zum Reformkonzept der Universität gehört ausdrücklich ein „interdisziplinär übergreifendes Studium mit

---

[75] Näheres dazu siehe M. Wingen, Ein bedeutsamer Schritt auf dem Wege zu einer eigenständigen Fachdisziplin Familienwissenschaft, in: Zeitschr. f. Familienforschung, H. 2/2002, S. 167 ff. – Der innovative Ansatz, den es in den nächsten Jahren zu erproben gilt, passt insofern recht gut in die Univ. Erfurt, als diese sich nach den Worten ihres Präsidenten „als ein Labor für neue Entwicklungen im Hochschulwesen" versteht. Siehe W. Bergsdorf, Die Universitäten in der Wissensgesellschaft, in: Aus Politik und Zeitgeschichte, B 26/2002, S. 24.

Vertiefungsmöglichkeiten"; hier lässt sich die zur Staatswissenschaftlichen Fakultät gehörende familienwissenschaftliche Forschung und Lehre recht gut verorten.

Die Gegenstandsfelder der Familienwissenschaft und die methodischen Vorgehensweisen werden im Verlauf der Arbeiten gerade dieses neuen Lehrstuhls konkret abzustecken sein. Für die Vermittlung der Ergebnisse der familienwissenschaftlichen Forschung in der *Lehre* wird es auch darauf ankommen, die Lern- und vielleicht auch Forschungsinteressen von Studierenden (insbesondere in Aufbaustudien) im Blick zu haben. Ebenso wichtig wird es sein, den Studierenden die verschiedenen späteren Berufsmöglichkeiten praxisnah – vor allem durch Vertreter dieser Berufsfelder – vorzustellen. Über allem notwendigen Praxisbezug solider wissenschaftlicher Ausbildung sollte freilich nicht vergessen werden, dass es der Universität nicht nur um den gut ausgebildeten Berufsträger gehen kann, sondern dass sie immer auch den ganzen Menschen im Blick haben sollte, der seiner gesamtmenschlichen Verantwortung nicht nur aus den Berufsfähigkeiten heraus gerecht werden kann. Deshalb wird man die familienwissenschaftliche Professur stets in ihrer Verbindung zum „Studium fundamentale" sehen müssen, das – noch deutlich ausgeprägter als an anderen Universitäten das Studium generale – eine akademische Ausbildung erst wirklich abrundet. Auch im Studium fundamentale, das als Kernstück transdisziplinär angelegte, von mindestens zwei Wissenschaftlern unterschiedlicher Studienrichtungen angebotene Lehrveranstaltungen hat, könnten familienwissenschaftliche Lehrangebote ihren Platz haben. Insoweit es gelingt, auf diesem Wege solides Wissen über die Familie, ihre historisch wandelbaren und kulturgeprägten Erscheinungsformen und über die Einflüsse von gesamtgesellschaftlichen Veränderungen auf die Entwicklungs- und Bestandsbedingungen von Familien zu vermitteln, ist darin ein nicht unwichtiger Gewinn auch in der Vorbereitung auf unterschiedliche Berufsfelder mit Familienbezug zu sehen. Insgesamt kann die Einrichtung der Professur getrost als ein für die deutsche Universitätslandschaft kleines historisches Ereignis angesehen werden. Es gibt eigentlich nur gute Gründe zu wünschen, dass dieser Schritt nachhaltigen Erfolg – und vielleicht sogar Vorbildwirkung für andere Universitäten – haben wird.

Es bleibt abzuwarten, in wie weit es gelingen wird, den Prozess der *Institutionalisierung von Familienwissenschaft und ihrer Verselbständigung als Fach* voranzubringen, der auch in den USA seit einiger Zeit im Gange ist. Dort vollzog sich im Zuge bedeutsamer Arbeiten zur Soziologie der Familie, die schon vor dem Zweiten Weltkrieg vorgelegt wurden, schon in den anschließenden Jahrzehnten ein allmählicher Übergang von der anfänglich allgemeinen und geschichtlichen Behandlung der Familie über die

Erörterung einzelner Familienprobleme (mit gewisser praktischer Orientierung) „zu einem Bemühen um mehr grundsätzliche Erfassung der sozialen Zusammenhänge der Familienentwicklung und der Familienlage, vorzüglich auch hinsichtlich des gesellschaftlichen Lebens", wie L. H. Ad. Geck schon vor einem halben Jahrhundert im Anschluss an M. F. Nimkoff festhielt.[76] Bestrebungen in diese Richtung sind auch in der älteren deutschen sozialwissenschaftlichen Diskussion nicht völlig unbekannt. So wies L. H. Ad. Geck seinerzeit darauf hin, W. H. Riehl habe schon Mitte des 19. Jahrhunderts die Lehre von der Familie als selbständigen Wissenschaftszweig entwickelt sehen wollen. Auf Grund dessen Buches über die Familie lässt sich dies allerdings nicht – jedenfalls nicht ausdrücklich – belegen; Riehl selbst betont noch in der 10. Auflage seiner „Familie" (1889), dass es kein Lehrbuch sein wolle, sondern ein Lesebuch.

Heute steht eine weitere Klärung der theoretischen und methodischen Grundlagen eines noch keinesfalls etablierten Fachs Familienwissenschaft an und signalisiert gleichsam ein Desiderat der familienwissenschaftlichen Forschung hinsichtlich ihres eigenen Selbstverständnisses. Angesichts der Ausdifferenzierung des sozialwissenschaftlichen Arbeitsfeldes mit einer immer weiteren Spezialisierung von Einzeldisziplinen spricht einiges dafür, auch die Zusammenschau und Zusammenführung sich ergänzender wissenschaftlicher Erkenntniswege konsequent anzugehen und zu bewältigen – vor allem, weil es um die ganzheitliche Lebenswelt der Familie geht. Dabei ist daran zu erinnern, dass Disziplinen sich wissenschaftstheoretisch (1) nach einem je eigenen Erkenntnisgegenstand und (2) nach einer disziplinspezifischen Methodologie konstituieren. Wenn es daher zur Ausprägung eines eigenständigen Fachs kommen soll, wird für die Konstituierung der Familienwissenschaft zwischen Gegenstand und Methode ein Rahmen zu beachten sein, der über die Wissenschaftstheorie (Wissenschaftsphilosophie) hinaus im Blick auf Familie nicht zuletzt die Gesellschaftstheorie einzubeziehen hat. Des weiteren wird es gelingen müssen, im Blick auf den Gegenstandsbereich Familie, den es fächerübergreifend unter den bereits genannten zentralen Begriffen der „Aufgaben und Leistungen (einschließlich der Leistungsbehinderungen und -grenzen) von Familien" zu erkennen und zu verstehen gilt, gerade die Verknüpfung unterschiedlicher hauptbeteiligter Fachdisziplinen zum tragfähigen Spezifikum der integrativen und interdisziplinär angelegten Familienwissenschaft zu machen. Das geht eben doch über eine Multidis-

---

[76] L. H. Ad. Geck, Gestalt und Gestaltung der Familie. Einführung in die Soziologie und Sozialpolitik der Familie, in: Carl Sonenschein-Blätter (Ordo socialis), H. 2/1954, S. 97 f., sowie M. F. Nimkoff, Trends in family research, in: American Journal of Sociology, Mai 1948, S. 477–482.

ziplinarität hinaus, bei der mehrere wissenschaftliche Disziplinen nur mehr oder weniger unabhängig von einander auf der Basis der jeweils eigenen wissenschaftlichen und methodischen Voraussetzungen an das Untersuchungsobjekt herangehen, wobei dann die gewonnenen Ergebnisse von benachbarten Wissenschaften für ihre eigene Forschung nutzbar gemacht werden können. Hier ist erst recht auf dem Wege zu einer „Transdisziplin" noch einiges an wissenschaftstheoretischer und methodologischer Arbeit zu leisten. So ist auch eine in sich konsistente disziplinübergreifende Theorie der Familie immer noch als ein wissenschaftliches Desiderat anzusehen. Ein einzelner Lehrstuhl mit einer Leit- oder Eckprofessur wird hier letztendlich wohl nur ein *Kristallisationskern* für die Bewältigung dieser Aufgaben sein können.

Für den weiteren Fortgang der Etablierung des Fachs Familienwissenschaft erscheint es wichtig, dass sich die Vertreter aus dem familienwissenschaftlichen Forschungsfeld hinreichend deutlich – möglichst auf der Grundlage einer gemeinsamen familienbezogenen Verknüpfung der disziplinspezifischen Sprachen – artikulieren und sich auch darüber verständigen, wie sie in ihrer Arbeit vorgehen wollen. Von entsprechenden (Eck-)Lehrstühlen sollten hier richtungsweisende Impulse ausgehen; aber auch Lehr- und Handbücher zum Forschungsfeld können die Herausbildung des Fachs sehr unterstützen. Auf diese Weise kann insgesamt eine dringend erwünschte stärkere Fokussierung der wissenschaftlichen Forschung auf die Rolle der Familien (mit ihrer in der Vergangenheit weithin vernachlässigten Behandlung etwa in der „klassischen" Wirtschaftswissenschaft) gefördert werden. Ob eine solche Ausrichtung in der Wissenschaftslandschaft wirklich nachhaltig gelingt, wird nicht zuletzt davon abhängen, dass die damit eingeforderte Sichtweise den Vertretern in den bereits fest etablierten Wissenschaftsfeldern ausreichend verständlich gemacht wird. Insofern wird sich der Charakter der Familienwissenschaft als eines eigenen Fachs nicht „von selbst" einstellen oder aus vorgegebenen Disziplin-Klassifikationen ableiten lassen, sondern maßgebend wird sein, ob dieses Wissenschaftsfeld von seinen Vertretern überzeugend als eine selbstständiges Fach definiert und von den Nachbardisziplinen als solches anerkannt wird. Dies wird wiederum auch davon abhängen, inwieweit sich der (interdisziplinäre) Forschungsansatz bei der Lösung anstehender (Praxis-) Probleme bewährt. Ob und inwieweit sich die Familienwissenschaft aus der Praxis heraus ausreichend legitimieren lässt, hängt einmal von der Akzeptanz familienwissenschaftlich entsprechend ausgerichteter Studiengänge, aber auch von dem tatsächlich gegebenen (und artikulierten!) Bedarf an spezifisch familienwissenschaftlichen Erkenntnisleistungen ab. Insofern ist es für die Weiterentwicklung auch wichtig, inwieweit spezifisch familienwissenschaftliche Fragestellungen im praktischen Handeln hervortreten. Dies ist bisher erst in Ansätzen der Fall, wie das familienbezogene Ordnungshandeln auf Bundes-, Länder- und Gemeindeebene wie in der Organisation des Erwerbsarbeitslebens erkennen lässt.

Zum Aufgabenspektrum einer Professur für Familienwissenschaft wird auch der *Dialog mit der Praxis* gehören müssen. Wenn es richtig ist, dass Wissenschaften sich gerade auch durch den Beitrag zur Bewältigung konkreter gesellschaftlicher Probleme zu legitimieren haben, dann gilt dies auch für ein sich in ersten Ansätzen festigendes und wissenschaftsorganisatorisch bewusst weiter zu festigendes Fach Familienwissenschaft als theoretische Grundlage für eine systematische – und das heißt immer auch ganzheitliche – Familienpolitik. Ein Ausbau der interdisziplinären Ausrichtung der familienwissenschaftlichen Forschung erscheint gerade auch dort wichtig, wo der Anspruch auf Praxis- und Familienpolitikberatung gefragt ist.[77] Interdisziplinär angelegte Studien aber, die zur familienwissenschaftlichen Fundierung von familienpolitischen Lösungen bei komplexen Familienproblemen dienen sollen, werden mehr denn je gefragt sein – bis hin zur Berücksichtigung nicht zuletzt des Beitrags einer „politischen Philosophie", die in einem familienwissenschaftlich begründeten politischen Handeln ihren Platz haben sollte.

Im Blick auf die Praxisbedürfnisse ist hier zugleich auf die Zweckmäßigkeit einer *institutionell unterstützten Zusammenarbeit zwischen Wissenschaft und Praxis* hinzuweisen. Diese kann der wissenschaftlichen Reflexion der familienbezogenen Arbeit, aber auch umgekehrt der Orientierung der familienwissenschaftlichen Forschung über die tatsächlichen Bedürfnisse in der Praxis dienen. Hier kann ein wechselseitiger Wissenstransfer stattfinden mit Freisetzung von Lernpotentialen auf *beiden* Seiten. In der familienwissenschaftlichen Politikberatung nehmen so die Träger dieser Beratung zumindest in gewissen Grenzen mittelbar am Prozess des policy-making teil. Dies kann wiederum der Verstärkung des dringend erwünschten „politischen Rückenwindes" dienen.[78] Im Feld der familienwissenschaftlichen Politikberatung gibt es freilich nicht selten einen mangelnden Konsens zwischen Vertretern der Wissenschaft und der Politik über unterschiedlich angelegte und damit zu unterschied-

---

[77] Siehe dazu z. B. auch vom Verf.: Familienwissenschaft im Anspruch der Familienpolitikberatung, in: Baden-Württemberg in Wort und Zahl, 2003, Heft 2, S. 65–72 (Vortrag zum 20jährigen Bestehen der Familienwissenschaftlichen Forschungsstelle (FaFo) im Statistischen Landesamt Baden-Württemberg).

[78] Als Beispiel sei etwa im Bereich der Wirtschaftswissenschaften auf die in den letzten fünf Jahren erfolgte Einrichtung von rd. 40 (!) Lehrstühlen für Unternehmensgründung verwiesen, die durchweg von großen Unternehmen der Wirtschaft gesponsert wurden.

lichen Konsequenzen für die Beteiligten führende Muster von (sozial)wissenschaftlicher Politikberatung („dezisionistisches", „technokratisches" und „pragmatisches" Muster).

Wachsende Anerkennung findet die Bedeutung einer soliden familienwissenschaftlichen Forschung für die Bereitstellung von Orientierungswissen für praktisch-politisches Handeln auch in den USA. So werden im Blick auf den dortigen Stand von Familienpolitik und Familienpolitik-Forschung im vergangenen Jahrzehnt mehrere Herausforderungen benannt, die nicht nur für den Diskussionsstand in den USA aufschlussreich sind, sondern deren Beachtung auch im eigenen Land die Zusammenarbeit von Wissenschaft und Praxis fördern kann[79]: Die Wissenschaftler brauchten einen Konsens über Familienpolitik als Basis für Forschung und Lehre, wobei die auch in der europäischen Diskussion eingebürgerte Unterscheidung von expliziter Familienpolitik und demgegenüber impliziter Familienpolitik („a family perspektive in policy making") aufgegriffen wird. Dort, wo auf der wissenschaftlichen Seite die Fähigkeit, Forschungsergebnisse von hoher Qualität zu liefern, schnellere Fortschritte macht als die Fähigkeit und Möglichkeit, diese Forschung an das politische Handlungsfeld zu vermitteln, sollten innovative Techniken entwickelt werden, um die Forschung wirkungsvoller mit der praktischen Politik zu verbinden. Die Anstrengungen der Wissenschaftler, die Familienpolitiker zu informieren, erscheinen aus dieser Sicht besonders wichtig angesichts kurzsichtiger und fragmentierter Politikansätze. Nur unterstrichen werden kann dabei gerade im Blick auf die Familienpolitik die Empfehlung, dass zur Politik Beständigkeit und damit Verlässlichkeit gehöre.

III. Ausblick

Eine Familienwissenschaft mit dem Anspruch, auf dem Wege zu einem eigenständigen Fach zu sein, wird sich vorerst immer wieder wissenschaftstheoretisch zu rechtfertigen haben. Unbestritten dürfte die Bedeutung eines verstärkten interdisziplinären Austausches sein, von dem bei konkreten Problemstellungen nach allen Erfahrungen fruchtbare Ergebnisse erwartet werden dürfen. Ziel auf weitere Sicht wird aber darüber hinaus sein müssen, zu einem transdisziplinären Fach Familienwissenschaft vorzustoßen. Dahinter steht der Anspruch einer integralen Zusammenführung familienbezogener (Teil-)Disziplinen, der nicht ohne weiteres in dem als erwünscht anzusehenden Maße tatsächlich einlösbar sein wird. Ein Fach Familienwissenschaft wird um seine Anerkennung kämp-

---

[79] Vgl. zum Folgenden K. Bogenschneider, a. a. O. (Anm. 17).

fen müssen und diese in der „scientific community" erst dann erreichen, wenn dazu *mehrere Voraussetzungen* geschaffen sind:
- Eine eigene Familienwissenschaft sich konzeptionell vorzustellen und auch zu wollen ist eine notwendige, aber noch keine hinreichende Bedingung für ihre Etablierung. Diese hängt auch von Faktoren des jeweiligen kulturellen Systems ab, von den Gegebenheiten einer Gesellschaft, in der ein interdisziplinäres Wissenschaftsverständnis eine gewisse Anerkennung besitzen muss.
- Solange eine Institutionalisierung der Familienwissenschaft (als eigenes Fach) erst in Ansätzen besteht, wird es vor allem an den Universitäten darauf ankommen, die interdisziplinäre Öffnung der familienrelevanten Disziplinen voranzubringen und zugleich die Ansätze zur Bildung einer eigenen Familienwissenschaft als einer „Integrationswissenschaft" durch die Einrichtung entsprechender Lehrstühle auszubauen. Das Verhältnis von „Familienwissenschaften" i. S. familienbezogener (Teil-)Disziplinen und integrativer Familienwissenschaft i. S. einer Re-Integration (im Rahmen der Staatswissenschaften) verweist in dieser Sicht nicht auf eine sich ausschließende Alternative, sondern auf einen zweigleisigen Weg der Weiterentwicklung der familienwissenschaftlichen Forschung. Dabei mag sich in den bestehenden wissenschaftsorganisatorischen und inneruniversitären Strukturen die eine oder andere Barriere ausmachen lassen, die aber angesichts einer ohnehin beobachtbaren dynamischen Wissenschaftsentwicklung nicht als unüberwindbar gelten muss.
- Ein integrativer Forschungsvollzug sollte sich möglichst in der Bereitstellung von Orientierungswissen für das praktische (politische und pädagogische) Handeln in der Gestaltung der Lebensverhältnisse von Familien (in ihren unterschiedlichen äußeren Erscheinungsweisen) bis in familienorientierte gesellschaftspolitische Reformprozesse hinein bewähren. Wollte man sich an dem in den USA erfolgreichen – sich z. B. dort auch konstitutiv für eine selbstständige Verwaltungswissenschaft („Public Administration") auswirkenden – Wissenschaftspragmatismus orientieren, wäre die familienwissenschaftliche Arbeit sogar betont als eine Aktivität zu sehen, die letztlich in praktisches Handeln umsetzbar ist. Ihre Nützlichkeit in den Konsequenzen für die Gestaltung der Lebensverhältnisse von Familien wäre damit sogar ein zentraler Maßstab auch für die Wissenschaftlichkeit dieses Ansatzes.[80]

---

[80] Bei dem in den USA sehr einflussreichen Wissenschaftspragmatismus wird wissenschaftliches Denken als eine Aktivität verstanden, deren Sinn geradezu darin besteht, sich in äußerem Handeln umzusetzen (K. König, Verwaltungswissen-

– Schließlich werden spezielle Erkenntnisinteressen auszubilden sein, die über partikulare Erkenntnisinteressen verschiedener familienrelevanter Disziplinen hinausgehen und auf familienbezogene integrierende Erkenntnisleistungen abzielen, die einem überzeugend artikulierten Bedarf an Aus- und Fortbildung von Führungspersonal in familienrelevanten Arbeitsfeldern entsprechen.

So gesehen ist der Weg hin zu einem eigenen betont transdisziplinär angelegten familienwissenschaftlichen Fach im Kanon der wissenschaftlichen Disziplinen vielleicht doch kein abenteuerliches Unterfangen. Darauf hinzuarbeiten erscheint vielmehr als Ausdruck eines „realistischen Utopiequantums" im Prozess der Weiterentwicklung der Wissenschaften. Für die Überwindung eines anfänglichen Anerkennungsdefizits der Familienwissenschaft wird die überzeugende Bewältigung der Aufgaben, die sich ihr stellen, besonders wichtig sein. Die familienwissenschaftliche Forschung in einer sich weiter wandelnden Gesellschaft wird künftig in mehrfacher Hinsicht noch stärker herausgefordert sein:

– einmal im Blick auf ein vertieftes Verständnis dessen, was Familie als elementarer Leistungsträger für den einzelnen und die Gesellschaft, als „intermediäres, primäres Sozialgebilde" (Gerh. Wurzbacher), ausmacht, sowie
– zum anderen im Blick auf die Schaffung und Sicherung umfassender und möglichst günstiger Bedingungen sowohl für den Bestand und die Entfaltung der Familien als wirtschaftlicher, sozialer, rechtlicher und sittlicher Einheiten als auch für die wechselseitigen individuellen Beziehungen der einzelnen Familienmitglieder (der Väter, Mütter und Kinder), deren Individualität es stets zu wahren gilt, und zwar durch eine darauf gerichtete zukunftsbezogene Gesellschafts- und Familienpolitik, deren rationale Grundlagen kontinuierlich zu reflektieren sind.

Unter dem letzteren Aspekt wird dann zugleich immer wieder die Grenze überschritten zwischen der sozialwissenschaftlichen Analyse, die nicht

---

schaft in der internationalen Entwicklung, a. a. O., S. 271 ff.): „Die Kriterien wissenschaftlicher Wahrheit liegen in der praktischen Nutzanwendung für das Leben ... Die Nützlichkeit in den praktischen Konsequenzen ist Maßstab auch für die Wissenschaftlichkeit." (S. 271 f.). Dazu merkt K. König, obwohl er *auch* ein pragmatisches Relevanzkriterium (in diesem Falle für die Konstitution der Verwaltungswissenschaft) durchaus bejaht, mit Recht kritisch an, dass eine solche „Wissenschaftsphilosophie der Erfolgsabhängigkeiten" auch bei methodologischen Verfeinerungen problematisch bleibt und in ihren Vergröberungen dahin neigen kann, die unreflektierten Alltagserfahrungen als Wissenschaft zu nehmen. (S. 272).

breit genug angelegt sein kann, um die Wirklichkeit von Familien möglichst vollständig zu erfassen und auf den Begriff zu bringen, und demgegenüber der stets wertbesetzten *sozialordnungspolitischen* Gestaltung menschlichen Zusammenlebens, bei der nicht alles, was sich tatsächlich vorfindet, bereits normativ überhöht werden darf zu dem, was sein soll. Die damit verbundenen Aufgaben harren am Beginn des neuen Jahrhunderts einer überzeugenden, auch familienwissenschaftlich abgesicherten Lösung. Sie stellt sich als einen bedeutsamen Beitrag dar zur dringend erwünschten Absicherung längerfristig tragfähiger gesellschaftlicher Strukturen. Im Blick auf die Alltagswirklichkeit familialen Zusammenlebens und familialer Leistungsentfaltung und auf das Lebensschicksal nachfolgender Generationen geht es um die systematische Überwindung eines „strukturellen Ordnungsdefizits" im sozialen Bereich im Blick auf Familie, auf das schon vor über einem Vierteljahrhundert hingewiesen werden musste.[81] Nicht zuletzt in diese sozialordnungspolitische Perspektive rücken die Erwartungen an eine Familienwissenschaft, deren Möglichkeiten es mutig auszuloten, deren Probleme es sorgfältig zu bedenken und deren Grenzen es im Interesse des Gelingens ihrer Grundlegung als eines selbständigen akademischen Fachs zu berücksichtigen gilt.

---

[81] Vgl. M. Wingen, Bevölkerungs- und familienpolitische Aspekte der sozialen Frage in entwickelten Industriegesellschaften, in: H. P. Widmaier (Hrsg.), Zur Neuen Sozialen Frage, Schr. d. Vereins f. Scialpolitik, NF Bd. 95, Berlin 1978, S. 175f.